Kleine Geschichte des Landes
Baden-Württemberg

Kleine Geschichte

Kleine Geschichte des Landes

Baden-Württemberg

Klaus-Jürgen Matz

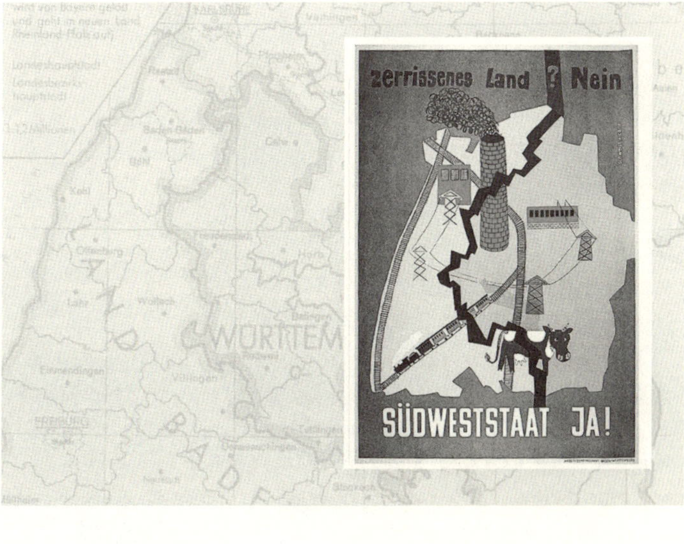

DRW-Verlag

Erschienen in der gemeinsamen Reihe des DRW-Verlags und des G. Braun Buchverlags:
»Regionalgeschichte – fundiert und kompakt«

DRW-Verlag
Leinfelden-Echterdingen
www.drw-verlag.de

Für die Landeszentrale für politische Bildung Baden-Württemberg ist eine nicht im Buchhandel erhältliche Sonderauflage erschienen.

Satz: G. Braun Buchverlag
Druck: Offizin Chr. Scheufele, Stuttgart

ISBN der Verlagsausgabe:
ISBN 978-3-87181-735-9

Inhaltsverzeichnis

Das Land und seine Menschen

Das Land Baden-Württemberg ist jung – jünger als die Bundesrepublik Deutschland. Als politische und administrative Einheit besitzt es anders als etwa Bayern oder Sachsen keine lange gemeinschaftliche historische Tradition; es ist als solche vielmehr ganz und gar eine Neuschöpfung der Aufbaujahre nach dem Zweiten Weltkrieg. Erst mit der Wahl seines ersten Ministerpräsidenten und dem Amtsantritt seiner ersten Regierung am 25. April 1952 trat es unter der recht unverbindlichen und schlichten Bezeichnung »Südwestdeutsches Bundesland« ins Leben. Diese erste Benennung verrät die Verlegenheit seiner Gründer, eine wie immer geartete historische Anknüpfung zu finden, verweist aber gleichzeitig auch auf einen gewichtigen Unterschied zu allen anderen deutschen Ländern in West wie Ost: Hatten diese ohne Ausnahme schon *vor* der Gründung der beiden deutschen Nachkriegsstaaten im Jahre 1949 bestanden, wurde Baden-Württemberg schon gleich als Bundesland – als Gliedstaat der Bundesrepublik Deutschland – begründet. Der junge Südweststaat galt deshalb in allen nachfolgenden Diskussionen über eine Neugliederung des Bundesgebiets immer wieder als leuchtendes Beispiel einer geglückten Reform. Freilich war es vor und bei der Gründung des Landes nicht ohne heftige Friktionen abgegangen, über die noch zu berichten sein wird. Der Gründungsakt selbst vollzog sich deswegen ohne feierliche Zeremonie, ohne den Jubel eines erwartungsfrohen Publikums unter eher düsteren Umständen und in eher trüber Stimmung. Vor diesem Hintergrund nimmt es nicht wunder, dass die Existenz des Landes noch lange am seidenen Faden hing, ehe sie durch eine am 7. Juni 1970 im Gebiet des älteren Landes Baden durchgeführte Volksabstimmung endgültig und eindrucksvoll bestätigt wurde.

Vielfalt der Traditionen, Vielfalt der Landschaften

Als politische Einheit zwar ohne jede Tradition, bildet das Gebiet Baden-Württembergs gleichwohl eine der reichsten Geschichtslandschaften Deutschlands – ja, ganz Europas. Es ist geradezu das Kennzeichen des Landes, dass es innerhalb seiner Grenzen nicht nur *eine* historische Identität birgt und auch nicht *zwei* – eine badische und eine württembergische, wie der Bindestrich-Name vielleicht suggerieren mag, – sondern als Ergebnis der territorialen Zersplitterung während des Mittelalters und der frühen Neuzeit unendlich viele – mehr jedenfalls als jedes andere deutsche Bundesland. So lagen zum Beispiel von 51 Reichsstädten, die gegen Ende des 18. Jahrhunderts im Heiligen Römischen Reich noch eine meist kümmerliche Existenz fristeten, allein 24 – also knapp die Hälfte – im Gebiet des heutigen Baden-Württemberg – darunter mit Ulm, dem Hauptort des Schwäbischen Reichskreises, freilich nur eine einzige von den damals noch mächtigen und wirklich wichtigen. Und von 45 reichsfreien Abteien, die mit dem Reichsdeputationshauptschluss 1802/03 ihr Leben aushauchten, sind es nicht weniger als 20, deren jeweiliges Territorium heute zum Land Baden-Württemberg gehört.

Die Kleinheit der Verhältnisse im deutschen Südwesten zuzeiten des Heiligen Römischen Reiches, die heute oft genug als Provinzialismus denunziert wird, weil man ihren wichtigen Beitrag zum kulturellen Reichtum und zur lebendigen Vielfalt der Traditionsbindungen verkennt, wurde zwar durch die Bildung der Mittelstaaten Württemberg und Baden im Zuge der napoleonischen Territorialrevolution in Deutschland zu Beginn des 19. Jahrhunderts überwunden, blieb aber bis in die Gegenwart hinein in vielerlei Hinsicht

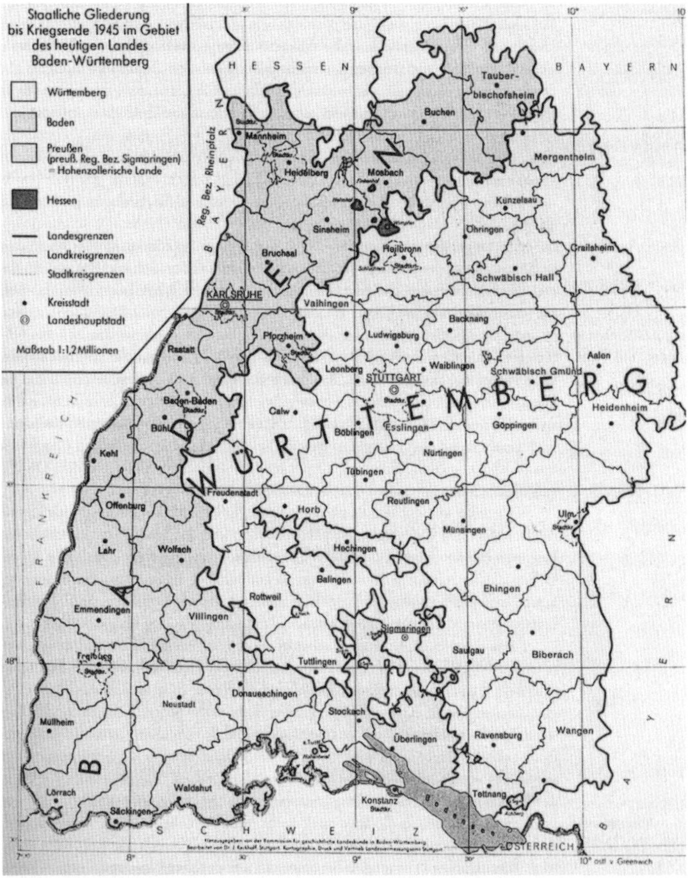

Staatliche Gliederung Baden-Württembergs bis 1945.

doch prägend – für die im Land gelebte (politische) Kultur ebenso wie für die (Fehl-)Perzeption des Landes durch Außenstehende als »schwäbischer Provinz«. Es rührt von daher, dass die Menschen im Lande sich selbst meist doch nicht als Baden-Württemberger begreifen und definieren, sondern als Schwaben oder Württemberger, als Hohenloher und Franken, als Kurpfälzer und Badener, als Alemannen und Oberschwaben. Nur die einst starke vorderösterreichische Identität im Breisgau, am Hochrhein und am Bodensee ist als Ergebnis der Kämpfe um den Südweststaat inzwischen fast verschwunden und in der Art eines Resistenzphänomens durch eine badische überformt worden, weil von hier zwischen 1948 und 1951 der heftigste Widerstand gegen die Neugründung ausging und die Nachfahren der Neubadener des frühen 19. Jahrhunderts seither gegenüber den Bewohnern der älteren badischen Kernlande um Karlsruhe, Pforzheim und Baden-Baden selbstbewusst in Anspruch nehmen, die besseren Badener zu sein.

Baden-Württemberg umfasst eine Fläche von 35 750 qkm; es ist damit etwas größer als Belgien und etwas kleiner als die Niederlande, unter den Bundesländern von seiner Ausdehnung her am ehesten vergleichbar mit Nordrhein-Westfalen, das ihm nur unwesentlich nachsteht. Dem Reichtum des Landes an historischen Traditionen entsprechen die Vielgestaltigkeit seiner naturräumlichen Ausstattung und sein bewegtes Relief. Geprägt wird das Landschaftsbild durch die bis fast 1500 beziehungsweise knapp über 1000 Meter ansteigenden Mittelgebirge des Schwarzwaldes und der Schwäbischen Alb, vor allem aber durch abwechslungsreiche Hügellandschaften wie den Kraichgau, das Bauland, das mittlere Neckarland, den Welzheimer Wald und die Löwensteiner Berge, das Härtsfeld, die Baar, den Kaiserstuhl, den Hegau und das westliche Oberschwaben. Größere Ebenen bilden nur der Oberrheingraben, der das Land im äußersten Westen von Süd nach Nord ganz durchzieht, sowie das Hohenloher Land und das östliche Oberschwaben an Donau und Iller. Im äußersten Südosten um Wangen und Isny

Die naturräumlichen Haupteinheiten Baden-Württembergs.

hat das Land noch einen kleinen Anteil am Allgäu und damit am Alpenraum.

Administrativ gliedert sich Baden-Württemberg in die vier Regierungsbezirke Stuttgart, Karlsruhe, Freiburg und Tübingen. Unter dieser Ebene existieren zwölf Regionalverbände mit freilich nur sehr eingeschränkten (Planungs-)Kompetenzen. Eine Ausnahme bildet hier die Region Stuttgart, seit sie 1994 eine eigene gewählte Regionalversammlung und beträchtlich erweiterte Zuständigkeiten erhielt. Weiter untergliedert wird das Land in 35 – relativ große – Landkreise. Das Privileg der Kreisfreiheit genießen die Städte Stuttgart, Mannheim, Karlsruhe, Freiburg, Heidelberg, Heilbronn, Ulm, Pforzheim und Baden-Baden; sie bilden jeweils einen eigenen Stadtkreis. Die Zahl der Gemeinden ging durch freiwilligen oder gesetzlich erzwungenen Zusammenschluss in den Jahren nach 1969 im Zuge der Verwaltungsreform von ursprünglich 3379 auf gegenwärtig (2010) 1102 erheblich zurück.

Ein beispielloses Bevölkerungswachstum

Baden-Württemberg zählte gemäß der Fortschreibung zum Jahresende 2008 knapp 10 750 000 Einwohner. Nirgendwo in Deutschland ist die Bevölkerung in der zweiten Hälfte des 20. Jahrhunderts stärker gewachsen als hier, kein Land der Bundesrepublik hat in dieser Zeit mehr Menschen von jenseits seiner Grenzen angezogen als der junge Südweststaat. 1939 – im Jahr der Entfesselung des Zweiten Weltkriegs – lebten nach den Ergebnissen der letzten reichsweiten Volkszählung in den Gebieten, die später das Land Baden-Württemberg bilden sollten, knapp fünfeinhalb Millionen Menschen – davon nicht ganz 2,9 Millionen in Württemberg, etwas mehr als 2,5 Millionen in Baden, 73 700 in den als Regierungsbezirk Sigmaringen zur preußischen Rheinprovinz gehörenden Hohenzollerischen Landen und schließlich noch 3200 in der winzigen hessischen Exklave Wimpfen am Neckar. Obwohl der Krieg und die nationalsozialistische Gewaltherrschaft wie überall auch im Südwesten Deutschlands unendlich viele Opfer gefordert haben, hatte sich die Zahl der Einwohner im besagten Gebiet vor allem durch den ersten Zustrom von Flüchtlingen und Vertriebenen schon 1946 auf fast sechs Millionen erhöht. Seither ist die Bevölkerung in Baden-Württemberg in einem Ausmaß ohne Bespiel weiter gewachsen – von knapp 7,8 Millionen bei der Volkszählung von 1961 über 8,9 Millionen bei der Zählung von 1970 und 9,3 Millionen bei der letzten regulären Volkszählung in der Bundesrepublik Deutschland im Jahre 1987 auf die genannten 10,75 Millionen in der Gegenwart. In jüngerer Zeit waren freilich – wie gegenwärtig in der Bundesrepublik überhaupt und wie im Südwesten schon einmal während der frühen 80er Jahre – in manchen Jahren auch leichte Rückgänge zu verzeichnen. Gleichwohl weist Baden-Württemberg im Gesamtergebnis das bei weitem höchste Bevölkerungswachstum seit den Nachkriegszählungen von 1946 auf. Es betrug binnen sechzig Jahren nicht weniger als 80 % und übertraf das der anderen Flächenländer, die ein nennenswertes Wachstum aufzuweisen hatten, wie Nordrhein-Westfalen (53 %), Hessen (52 %), Rheinland-Pfalz (47 %) und Bayern (43 %) bei weitem.

Getragen wurde das Wachstum in erster Linie durch einen gewaltigen Zustrom von Migranten, die aus unterschiedlichen Motiven und unterschiedlichen Regionen im deutschen Südwesten eine neue Heimat suchten. Dabei sind drei starke Wellen der Einwanderung deutlich zu unterscheiden. Während der frühen Nachkriegsjahre kamen Heimatvertriebene und Flüchtlinge aus dem Osten in großer Zahl, zunächst vor allem in die nördlichen – zur amerikanischen Zone gehörenden – Landesteile. 1950 lebten 864 000 Vertriebene im Gebiet des späteren Baden-Württemberg. Sie stammten zu 60 % aus dem Sudetenland und anderen deutschen Siedlungskernen der alten K.u.K.-Monarchie und zu etwa 30 % aus dem ehemaligen deutschen Staatsgebiet östlich von Oder und Neiße. Daneben hatten bereits 144 000 Flüchtlinge aus der Sowjetischen Besatzungszone bzw. der DDR hier Aufnahme gefunden. Weil der Vertriebenenstatus in der Bundesrepublik noch für geraume Zeit als vererblich galt und wegen der Umsiedlung von Heimatvertriebenen aus Bayern, Niedersachsen und Schleswig-Holstein – Ländern, die aus Gründen ihrer stärker ländlichen Struktur anfangs überproportional viele

Menschen hatten aufnehmen müssen – sowie endlich infolge des bis zum Mauerbau 1961 niemals abreißenden weiteren Zustroms von DDR-Flüchtlingen wuchs der Anteil der Vertriebenen bis zur Volkszählung von 1961 auf 15,5 % (= 1,2 Millionen) und jener der SBZ- bzw. DDR-Flüchtlinge auf 5,4 % (= 415 000) der Gesamtbevölkerung des Landes. Jeder fünfte Einwohner des Landes hatte somit gegen Ende der Ära Adenauer seine ursprünglichen Wurzeln in den Gebieten des damaligen sowjetischen Machtbereichs.

Die zweite Welle begann Mitte der 50er Jahre, als die ersten *Gastarbeiter* aus Italien angeworben wurden. Ihnen folgten später vor allem Griechen, Jugoslawen und Türken – bis zum Anwerbestopp von 1973 per Saldo insgesamt 830 000 Menschen aus dem gesamten Mittelmeerraum. Der Zustrom wurde aber auch durch den Anwerbestopp nur vorübergehend unterbrochen. Durch Familiennachzug, vor allem jedoch während der dritten Einwanderungswelle im Gefolge der Auflösung des Sowjetimperiums wie der Sowjetunion selbst und des kurz darauf einsetzenden Zerfalls von Jugoslawien in blutigen Bürgerkriegen kamen weitere Ausländer ins Land, so dass der Anteil der Einwohner mit fremden Pässen bis 1996 auf 13,2 % der Gesamtbevölkerung anstieg. Durch Rückwanderung und Einbürgerung ist er inzwischen zwar wieder auf 11,8 % (Ende 2008) gesunken, doch weist Baden-Württemberg auch damit unter den Flächenländern der Bundesrepublik noch immer den höchsten Anteil an Ausländern in der Wohnbevölkerung auf.

Die dritte Welle brachte aber auch nochmals einen Zustrom von Deutschen oder Deutschstämmigen – vorwiegend aus der Sowjetunion und deren Nachfolgestaaten, darüber hinaus im Zuge der deutschen Binnenmigration auch aus der DDR bzw. den neuen Bundesländern, aus denen im Saldo seit 1991 nicht weniger als 181 000 Personen nach Baden-Württemberg umgezogen sind. Der Südweststaat wies damit einen überproportional hohen Anteil von 22 % an der deutschen Ost-West-Wanderung auf. Insgesamt ergab sich in den meisten Jahren ein positiver Wanderungssaldo für das

Land. Gegenüber dem übrigen Bundesgebiet drehte er nur 1970/71, 1975/76, 1983 und 1993–97 ins Minus, gegenüber dem Ausland 1967, 1974–77, 1982–84 und seit 2004. Insbesondere bei den Salden gegenüber dem Ausland sind die Zusammenhänge mit der wirtschaftlichen Entwicklung unübersehbar.

Die natürliche Bevölkerungsbewegung verlief demgegenüber wie überhaupt in Deutschland weit weniger eindrucksvoll. Nur bis zum Beginn der 70er Jahre trug auch der Geburtenüberschuss in einem Umfang von etwa 40 % nennenswert zum Bevölkerungswachstum bei. Seither zeitigen die unter dem stark vereinfachenden Stichwort *Pillenknick* zusammengefassten dramatischen Veränderungen des generativen Verhaltens der Bevölkerung ihre gravierenden Folgen im Bezug auf die Altersstruktur und das Arbeitskräftepotential auch in Baden-Württemberg. Die Zahl der Geburten im Land erreichte ihren Höhepunkt wie im übrigen Bundesgebiet in den Jahren 1964–1966, um danach spektakulär bis zu einem Tiefpunkt 1978 abzusinken, als erstmals ein Geburtendefizit zu verzeichnen war. Einer moderaten Erholung in den nachfolgenden Jahren folgte seit 1998 erneut ein Rückgang, der seit 2006 zu einem andauernden Defizit führte. Sind Parallelitäten zur Entwicklung im übrigen Bundesgebiet dergestalt nicht zu übersehen, zeigen doch fast alle Kennziffern der Vitalstatistik, dass sich die Verhältnisse im deutschen Südwesten meist günstiger und stabiler gestalten als im bundesdeutschen Durchschnitt oder im Vergleich mit den meisten anderen Bundesländern. So lag die Zahl der Geburten pro Frau seit den 50er Jahren stets über dem Bundesdurchschnitt; war Baden-Württemberg seit 2001 das einzige Land, in dem überhaupt noch Geburtenüberschüsse verzeichnet wurden, und behauptet das Land seit mehr als drei Jahrzehnten unangefochten den Spitzenplatz unter allen Ländern der Bundesrepublik bei der Lebenserwartung der Neugeborenen.

Mit 10,75 Millionen zählt Baden-Württemberg deutlich mehr Einwohner als Österreich oder die Schweiz; es liegt damit auf einer Höhe mit so respektablen Mitgliedern der Europäischen Gemeinschaft wie Ungarn, Tschechien, Belgien, Portugal oder Griechenland. Der Anteil des Südweststaats an der gesamtdeutschen Bevölkerung betrug Anfang 2008 etwas mehr als 13 %, sein Anteil am deutschen Bruttoinlandsprodukt indes 14,6 %. Nach fast allen Kriterien steht das Land an dritter Stelle unter den Ländern der Bundesrepublik Deutschland. Bei der Fläche folgt es auf Bayern und Niedersachsen, bei der Einwohnerzahl auf Nordrhein-Westfalen und Bayern und bei der Bevölkerungsdichte, die seit der Gründung des Landes von 190 auf 301 Einwohner pro Quadratkilometer gestiegen ist, unter den Flächenländern auf Nordrhein-Westfalen und das Saarland.

Gesunde Wirtschaftsstrukturen

Wenn Menschen ihre angestammte Heimat verlassen, um anderswo eine neue zu suchen, so hat dies in Friedenszeiten fast immer und in der Hauptsache ökonomische Gründe. Die enormen Wanderungsgewinne, die Baden-Württemberg während der letzten Jahrzehnte zum Land eines beispiellosen, in der Bundesrepublik nirgendwo übertroffenen, Bevölkerungsbooms haben werden lassen, sind denn auch in erster Linie den günstigen Wirtschaftsstrukturen des Landes und dem daraus resultierenden reichen Angebot an qualifizierten Arbeitsplätzen geschuldet. Schon 1950 – also noch vor der Gründung des Landes – lag die Arbeitslosigkeit im deutschen Südwesten mit 4,3 % deutlich unter dem damaligen Bundesdurchschnitt, der seinerzeit – ehe der Korea-Boom das eigentliche »Wirtschaftswunder« einläutete – immerhin noch 10 % betrug. Bei derartigen Proportionen ist es in den nachfolgenden Jahrzehnten trotz des starken Bevölkerungswachstums in Baden-Württemberg eigentlich immer geblieben. Ungeachtet des Konjunkturverlaufs und des allgemeinen Strukturwandels meldete der Südweststaat fast in allen Jahren seit der Ära Adenauer die geringste Zahl an Arbeitslosen unter den Bundesländern. Erst in jüngster Zeit wurde diese auch manchmal von Bayern noch unterboten.

Auch wenn Regierende jeglicher politischer Couleur und allerorten immer wieder den Anspruch erhoben haben, die Entwicklung der Wirtschaft und die Wohlfahrt der Bürger sogar kurzfristig zum Positiven beeinflussen, ja überhaupt gestalten zu können, sind regionale wie nationale Wirtschaftsstrukturen doch in den meisten Fällen klassische Strukturen der langen Dauer, die nur in Ausnahmefällen auch raschen und abrupten Veränderungen unterliegen und innerhalb weniger Jahre durch politische Maßnahmen neu justiert werden können. Die besondere Gunst der Wirtschaftsstrukturen im deutschen Südwesten geht auf die Tatsache zurück, dass die Industrialisierung hier im Verlaufe des 19. Jahrhunderts mit einer doch erheblichen Verzögerung erfolgte und deshalb im Vergleich mit den Gebieten an Rhein und Ruhr, an der Saar, in Sachsen und in Oberschlesien modernere Industriestrukturen hinterließ. Während im Deutschen Reich schon 1890 erstmals mehr Beschäftigte in der Industrie als in der Landwirtschaft gezählt wurden, erreichte Baden diesen Stand der Beschäftigung erst 1895 und Württemberg gar erst 1907. Im Unterschied zu anderen Industrieregionen, wo Kohle und Stahl das Rückgrat der Wirtschaft bildeten, beherrschten im Südwesten schon die »neuen Industrien« das Feld: Maschinenbau, Elektrotechnik, Chemie und bald auch der Automobilbau. Aus lange tradierten handwerklichen und protoindustriellen Verhältnissen entwickelte sich daneben insbesondere in Württemberg auch eine leistungsfähige Textilindustrie.

Wurde der Strukturwandel an der Wende vom 19. zum 20. Jahrhundert in Baden vom Staat im Sinne moderner Strukturpolitik systematisch gefördert und teilweise sogar – insbesondere im Bereich der Energiewirtschaft – erst angestoßen, brach sich in Württemberg zur selben Zeit eine Dynamik von unten Bahn, die im Jahrzehnt vor dem Ersten Weltkrieg ihre größte Kraft und Wirkung entfaltete. So stieg etwa die Zahl der Beschäftigten bei *Bosch* in Stuttgart von 45 im Jahre 1901 auf 4500 im Jahre 1912 um das Hundertfache! Initiative und Findungsreichtum seiner privaten Unternehmer sicherten Württemberg schon unmittelbar vor dem Ersten Weltkrieg die Parität *mit* – wenn nicht sogar schon einen Vorsprung *vor* Baden. Spätestens nach dem Kriege, als die vom Versailler Vertrag erzwungene Einrichtung einer entmilitarisierten Zone entlang des Rheins einen Großteil des badischen Territoriums zum unsicheren Terrain hatte werden lassen, war dieser Vorsprung endgültig gesichert. Vor diesem Hintergrund muss verstanden werden, dass die in Mannheim und Gaggenau ansässige badische Firma *Benz* 1926 mit den württembergischen *Daimlerwerken* fusionierte und zum Sitz des neuen Unternehmens Stuttgart bestimmt wurde. Die spezifische Konstellation der Zwischenkriegszeit begünstigte dergestalt eine Verlagerung der ökonomischen Gewichte vom badischen in den württembergischen und hier insbesondere in den Raum am mittleren Neckar um Stuttgart. Der unbedingte und nachhaltige Einsatz der (nord-)badischen Wirtschaftseliten für den Südweststaat in den Jahren vor dessen Gründung findet nicht zuletzt seine Begründung in dieser Gewichtsverlagerung und auch den Erfahrungen der Weimarer Jahre, aus denen sich eine fortdauernde Furcht vor französischer Einflussnahme und französischer Intervention ableitete.

Die vergleichsweise jungen und modernen Industriestrukturen des Landes ließen die Wirtschaft Baden-Württembergs in den Jahrzehnten nach dem Zweiten Weltkrieg in einem staunenerregenden Maße wachsen. Im Jahrzehnt zwischen 1950 und 1960 wuchs das Bruttoinlandsprodukt um sage und schreibe 144 % – auf den Kopf jedes Einwohners gerechnet – immer noch um 103 %. Das war eine glatte Verdoppelung innerhalb von nur zehn Jahren! Von einem jetzt höheren Niveau ausgehend verlangsamte sich das Wachstum im nachfolgenden Jahrzehnt zwischen 1960 und 1970 naturgemäß. Mit 67 % war es aber immer noch eindrucksvoll genug. Eben das

Jahr 1970 bezeichnete dann freilich die Peripetie des Anteils der Industrie an der gesamten Wirtschaftsleistung. Mit Anteilen von jeweils 55 % an der Beschäftigung wie an der Bruttowertschöpfung erreichte das produzierende Gewerbe damals den höchsten im deutschen Südwesten je erreichten Stand. Trotz eines dramatischen Verlustes an Arbeitsplätzen in der Textilindustrie auf der Schwäbischen Alb und im Bodenseeraum behauptete die Industrie in Baden-Württemberg aber auch im nachfolgenden Jahrzehnt bis 1980 noch ihre Spitzenstellung bei Beschäftigung und Wertschöpfung. Erst 1981 erwirtschaftete der tertiäre Sektor auch in Baden-Württemberg erstmals mehr als das produzierende Gewerbe. In der gesamten Bundesrepublik war dies schon 1971 – also zehn Jahre früher – der Fall gewesen. Insgesamt wuchs die Wirtschaft im deutschen Südwesten zwischen 1970 und 1980 nochmals um 34 %, zwischen 1980 und 1990 um weitere 32 %, zwischen 1990 und 2000 freilich nurmehr um knapp 13 %.

Auch wenn die Industrie in Baden-Württemberg nach und nach relativ an Gewicht verlor, blieb die Wirtschaft des Landes bis zur Gegenwart im Vergleich mit der ganz Deutschlands doch immer noch stark industrieorientiert. Während in der Bundesrepublik 2004 nurmehr 28 % des Bruttoinlandsprodukts vom produzierenden Gewerbe erbracht wurden, betrug dieser Wert zur selben Zeit für Baden-Württemberg stolze 36 %. Und noch immer verdient hier ein Drittel aller Beschäftigten den Lebensunterhalt in der Industrie. Im nationalen wie internationalen Vergleich ist dies ganz ungewöhnlich. Maschinenbau, Elektrotechnik und Automobilherstellung behaupten dabei wie seit je eine Vorrangstellung.

Mit der starken Industrieorientierung hängt zusammen, dass Baden-Württemberg in noch stärkerem Maße als die Bundesrepublik überhaupt vom Export abhängig war und geblieben ist. Die Exportquote des Landes lag fast immer deutlich über dem Bundesdurchschnitt; sie wird in der Gegenwart nur von derjenigen Bremens und des Saarlandes als den sehr viel kleineren und insofern nicht ganz vergleichbaren Gliedern der Republik übertroffen. Einen überproportional hohen Anteil am gesamtdeutschen Export leistet Baden-Württemberg dabei insbesondere bei Maschinen, wo es mehr als ein Viertel der deutschen Exporte liefert, sowie bei Regelungs- und Messtechnik, bei Kraftfahrzeugen und bei weiteren Metallerzeugnissen, bei denen jeweils ein Fünftel aller aus Deutschland exportierten Güter aus Baden-Württemberg stammt. Unter den Abnehmern südwestdeutscher Erzeugnisse waren und sind die Vereinigten Staaten, Italien und die Schweiz im gesamtdeutschen Vergleich mit ihren jeweiligen Anteilen meist überrepräsentiert. Die Wirtschaft des Landes ist aber dabei, auch neue Märkte zu erschließen. So wurden 2003 von hier aus erstmals mehr Waren nach China als nach Japan exportiert, wuchs die Ausfuhr nach China im Jahrzehnt zwischen 1995 und 2005 um 353 %, nach Russland immerhin noch um 241 %. Die starke Außenhandelsverflechtung hat bewirkt, dass südwestdeutsche Unternehmen verstärkt auch im Ausland investieren. Daher stiegen deren jenseits der deutschen Grenzen getätigten Direktinvestitionen von 1980, als sie gerade einmal 5 Milliarden Euro betrugen, auf mehr als 85 Milliarden im Jahre 2002 und damit um nicht weniger als 1600 %!

Industrieorientierung und Exportabhängigkeit – gewöhnlich doch die Garanten für ein hohes Lohnniveau und breiten Wohlstand – bildeten und bilden bis heute freilich auch die Achillesferse der baden-württembergischen Wirtschaft, insofern sie in höherem Maße als die gesamtdeutsche Wirtschaft vom Verlauf der Weltkonjunktur abhängig war und allzeit geblieben ist. Alle Rezessionen der Nachkriegszeit 1967, 1974/75, 1993, 2002 und 2008/09 hinterließen daher im deutschen Südwesten tiefere Spuren als sonst in Deutschland. 1974 sank die Wirtschaftsleistung in Baden-Württemberg schon um 0,5 %, derweil sie in der Bundesrepublik insgesamt noch um 0,5 % stieg. War der Unterschied 1975 mit -1,2 bzw. -1,0 % nicht ganz so stark, fielen die Differenzen 1993 und 2009 deutlich aus. Im erstgenannten Jahr betrug das gesamtdeutsche Minus nach dem Abflauen des Vereinigungsbooms 1,1 %, in Baden-Württemberg jedoch 4,7 %; im ersten Halbjahr 2009 lagen die entsprechenden Werte bei -6,8 % in Deutschland insgesamt, aber -10,0 % (!) in Baden-Württemberg.

Der wirtschaftliche Strukturwandel der vergangenen Jahrzehnte zugunsten des tertiären Sektors hat die starke Wirtschaft Baden-Württembergs im Vergleich der Bundesländer etwas zurückfallen lassen. Nicht dass das Land an diesem Strukturwandel keinen Anteil gehabt hätte! So wurden die 380 000 Arbeitsplätze, die zwischen 1991 und 2004 in der Industrie verloren gingen, durch über 700 000, die im tertiären Bereich neu entstanden, mehr als kompensiert. Aber das weit überproportionale Wachstum der Dienstleistungen und deren dadurch stetig größer werdende Anteil am Sozialprodukt hat doch bewirkt, dass Baden-Württemberg, das unter den Flächenländern bis dahin fast immer den Spitzenplatz bei der Wirtschaftsleistung pro Kopf behauptet hatte, diesen 1987 an Hessen verlor und 1993 auch von Bayern überholt wurde. Wie freilich das Beispiel der neuen Länder nach dem Zusammenbruch der DDR gezeigt hat, bedarf eine gesunde Volkswirtschaft auch intakter und leistungsfähiger industrieller Kerne. Und wie die Finanz- und Bankenkrise erst jüngst wieder erwies, besteht der vielgerühmte tertiäre Sektor oft genug aus purer Luft und nur allzu bald zerplatzenden Blasen. Insoweit darf die relativ stark industrieorientierte Realwirtschaft Baden-Württembergs wohl auch weiterhin als die feste Basis zur Sicherung des Wohlstands breiter Schichten der Bevölkerung gelten. Und dies umso mehr, als die zukunftsträchtigen forschungs- und entwicklungsintensiven Industriezweige in Baden-Württemberg mit einem Umsatzanteil von 20 % den bundesdeutschen Durchschnitt von 10 % glatt um das Doppelte übertreffen, und das Land auch in der Informationswirtschaft zusammen mit Nordrhein-Westfalen und Bayern einen Spitzenplatz behauptet, obwohl es im Unterschied zu diesen Ländern kein Medienstandort von Rang ist.

Neben einer starken Industrieorientierung bei ausgeprägter sektoraler Diversifikation weist die Wirtschaft Baden-Württembergs weitere Pluspunkte auf, die das Land über den bundesdeutschen Durchschnitt erheben. Zu nennen sind hier insbesondere eine günstige Struktur der Betriebsgrößen und eine breite Verteilung der Standorte über das ganze Land. Baden-Württemberg ist die klassische Heimat größerer mittelständischer Betriebe mit etwa 500 bis 2000 Beschäftigten. Auch von daher erklärt sich, dass nur etwa 10 % der über 400 000 Unternehmen im Land in der Abhängigkeit von Großkonzernen stehen und vier von fünf Betrieben aus Entscheidungszentralen gelenkt werden, die im Lande selbst ansässig sind. In diesem zuletzt genannten Punkt sind nur Nordrhein-Westfalen und Bayern in einer geringfügig besseren Position.

Naturgemäß weist die regionale Verteilung der Unternehmen auch Konzentrationen auf – wie etwa in der Region Stuttgart oder im Rhein-Neckar-Dreieck um Mannheim und Heidelberg. Insgesamt ist sie aber sehr viel gleichmäßiger als in jedem anderen Bundesland. Auch eher ländlich strukturierte Räume wie Hohenlohe, Mittelbaden oder Oberschwaben besitzen inzwischen mit Künzelsau, Bühl oder Biberach jeweils erstrangige Wirtschaftsstandorte. Von daher rührt es, dass ein so hohes Wohlstandsgefälle, wie es etwa in Bayern zwischen der Region München und Oberfranken oder der Oberpfalz besteht, in Baden-Württemberg nicht vorkommt. Der Abstand bei Kaufkraft und verfügbarem Einkommen zwischen den Stadt- und Landkreisen im Südweststaat beträgt maximal deutlich unter 50 %, d.h. dass die Kreise mit den niedrigsten Aufkommen immer noch mehr als zwei Drittel der Werte jener Kreise erreichen, die ganz an der Spitze stehen. Das ist die geringste Differenz in einem Land der Bundesrepublik überhaupt – und diese Differenz hat sich sogar (was keineswegs selbstverständlich ist und eher eine Ausnahme bezeichnet) im Verlaufe der letztvergangenen Jahre noch weiter verringert.

Mit mehr als 18 400 € erreichte das verfügbare Einkommen pro Kopf in Baden-Württemberg im Jahre 2003 wie in den meisten Jahren zuvor oder danach den höchsten Wert unter denen aller Flächenländer der Bundesrepublik. Bei den Brutto-Monatsverdiensten stand das Land zur selben Zeit hinter Hamburg und Hessen an dritter Position. Die Wirtschaftsleistung pro Kopf lag 2004 25 % über dem Durchschnitt der EU, 13 % über dem Bundesdurchschnitt und immer noch 5,5 % über dem Durchschnitt Westdeutschlands. Die akkumulierte Gesamtleistung der Wirtschaft in Baden-Württemberg rangiert innerhalb der Europäischen Gemeinschaft nach jener, die in Deutschland insgesamt sowie in Großbritannien, Frankreich, Italien, Spanien und den Niederlanden erbracht wird, noch vor der Belgiens an siebter Stelle; sie lässt mithin jene von immerhin neunzehn Mitgliedern der Union hinter sich.

Alle Zahlen zeigen somit: Die Menschen in Baden-Württemberg waren und sind im Allgemeinen materiell besser gestellt als im Bundes- oder im europäischen Durchschnitt. Von daher nimmt es nicht wunder, dass der Südweststaat gegenwärtig die nach Bayern niedrigste Sozialhilfequote aufweist, bei der Sparquote unter allen Bundesländern an der Spitze steht und mit 54 % eine Wohneigentumsquote vermelden kann, die nur vom Saarland (60 %) und von Rheinland-Pfalz (57 %) übertroffen wird. Wenn Baden-Württemberg darüber hinaus den niedrigsten Anteil an Privathaushalten mit Konsumentenkrediten, die niedrigste Insolvenzhäufigkeit und die höchste Patentdichte aufweist und auch seine Erwerbsquote den Bundesdurchschnitt weit übertrifft, so verweist dies über das rein Ökonomische und Materielle hinaus auch auf Eigenheiten einer spezifischen regionalen Mentalität.

Mentalität und politische Kultur

Nun sind regionale Mentalitäten in Zahlen kaum zu fassen und selbst in Worten nur schwer zu beschreiben; ihre Existenz bleibt gleichwohl evident und nicht ohne Bedeutung für das Verständnis historischer Prozesse. Auch die Mentalität der Menschen in Baden-Württemberg weist Charakteristika auf, die sie von den Bewohnern anderer Regionen und Länder unterscheiden. Schon mit Rücksicht auf die sehr verschiedenen geographischen Gegebenheiten wie die Vielfalt der historischen Traditionen im Lande wird man freilich eine Einheitlichkeit hier nicht postulieren dürfen. Die lebhaften, extrovertierten und reger Kommunikation nicht abgeneigten Kurpfälzer unterscheidet doch manches von den bedächtigeren, in sich gekehrten und jeder Gefühlswallung abholden Schwaben. Und auch die Konfessionsverschiedenheit – etwa zwischen den lutherisch-pietistischen Altwürttembergern und den katholischen Oberschwaben – bewirkt manchen Unterschied bei der Lebenseinstellung wie den Strategien der Lebensbewältigung. Dennoch bleibt zumindest für den schwäbisch-alemannischen Raum südlich der Grenze fränkischer Dialekte ein Grundzug unübersehbar – der eines auf ökonomischem Pragmatismus und Bodenhaftung beruhenden Konservativismus. Dabei bedeutet »konservativ« nicht dasselbe, was man etwa in Preußen oder im preußisch dominierten Deutschen Reich darunter verstanden hätte. Jeder Anflug von Hurra-Patriotismus, Militarismus oder Chauvinismus ist dem Schwaben fremd – auch wenn er einige der altpreußischen Tugenden wie Fleiß und Sparsamkeit durchaus teilt und hochzuhalten bestrebt ist. »Konservativ« bedeutet hier vielmehr Nüchternheit bei der Einschätzung der eigenen Lebenssituation, die stete Bereitschaft, wirtschaftlicher Notwendigkeit und Effektivität alles andere unterzuordnen und traditionelle Gepflogenheiten zu bewahren und fortzuführen. Dazu gehört auch eine Vorliebe für wertkonservative und wirtschaftsorientierte politische Parteien. Ob mit dem

Vorrang eines in erster Linie auf die Belange der Wirtschaft und das eigene wirtschaftliche Fortkommen bezogenen nüchternen Realitätssinns überhaupt ein Grundzug des schwäbisch-alemannischen Charakters bezeichnet ist, lässt sich natürlich nur schwer beweisen. Auffällig ist immerhin, dass auch die alemannischen Stammesbrüder jenseits der nationalen Grenzen, in Tirol und Vorarlberg, in Liechtenstein, in der deutschen Schweiz und im Elsass diesen Realitätssinn wie die Vorliebe für eher konservative und wirtschaftsorientierte politische Parteien teilen.

Auch die politische Kultur eines Landes stellt in der Regel eine Struktur der langen Dauer dar. Weil die politischen Grundströmungen und die daraus später entstehenden politischen Parteien alle im Wesentlichen auf das 19. Jahrhundert zurückgehen, kommen den Unterschieden zwischen Baden und Württemberg als den seinerzeit im deutschen Südwesten bestehenden Mittelstaaten in dieser Beziehung anders als bei anderen Traditionslinien, die in der Regel noch weiter zurück auf die Zeit des Alten Reiches verweisen, eine besondere Bedeutung zu. Ein gewichtiger Unterschied zwischen den beiden südwestdeutschen Staaten bestand zum ersten in der Haltung ihrer Monarchen und ihrer liberalen politischen Eliten gegenüber Preußen und der kleindeutschen Lösung der nationalen Frage. Während Großherzog Friedrich I. von Baden (1852/56–1907) und die überwiegende Mehrheit der in Baden – trotz katholischer Bevölkerungsmehrheit – dominierenden protestantischen Staatselite den »deutschen Beruf« Preußens anerkannten und Bismarcks Reichseinigung von oben einhellig unterstützen und begrüßten, verharrten in Württemberg neben König Karl (1864–1891) auch weite Teile des den linksliberalen Demokraten zuneigenden Bürgertums in einer Haltung fortdauernder Resistenz gegenüber der preußischen Dominanz im neuen Deutschen Reich.

In Baden gab deshalb innerhalb des liberalen Spektrums während des Kaiserreichs der Nationalliberalismus den Ton an, während in Württemberg spätestens seit den 1890er Jahren die fortschrittliche Volkspartei (seit 1910 auch reichsweit unter diesem Namen) die Führungsrolle innehatte. Eine Vereinigung beider Lager fand erst während der Weimarer Jahre statt, als die weit überwiegende Mehrheit der badischen Nationalliberalen ebenso wie fast alle württembergischen Demokraten in der DDP eine gemeinsame politische Heimat suchten, derweil die reichsweit nicht unwichtige DVP Stresemanns (nicht zu verwechseln mit der späteren Demokratischen Volkspartei in Baden-Württemberg) als Partei des rechten Flügels im Liberalismus in Südwestdeutschland vergleichsweise unbedeutend blieb. Für die FDP, mit deren Gründung der ewige Zwiespalt im Liberalismus nach 1945 überwunden werden sollte, war damit zumindest im Südwesten in gewisser Weise schon der Weg bereitet. Ein unübersehbarer Vorrang der liberalen Tradition Württembergs, der sich aus ihrer einstigen Stärke im Parteienspektrum des Landes wie ihrer festeren Verankerung in demokratischen und republikanischen Prinzipien ableitete, trat nach 1945 indes sehr schnell zu Tage. Und so war es kein Zufall, dass mit Reinhold Maier und Theodor Heuss Männer in Spitzenstellungen nicht nur der FDP, sondern auch des Staates gelangten, die dem traditionellen württembergischen Linksliberalismus entstammten. Lässt man ihre Parteivorsitzenden und führenden Köpfe der Reihe nach bis zur Gegenwart Revue passieren, ist die baden-württembergische FDP auch nachfolgend immer eine Partei geblieben, deren Hauptgewicht im württembergischen Landesteil ruhte.

Bei der Sozialdemokratie herrschte traditionell eine ganz ähnliche Konstellation wie im Liberalismus. Stand die badische SPD, die ihre Parteileitung nicht in der Landeshauptstadt Karlsruhe, sondern in Mannheim unterhielt, im reichsweiten Spektrum der Partei während des Kaiserreichs (und auch danach in der Weimarer Republik) eher am rechten Rand und jedenfalls mehrheitlich im revisionistischen Lager, galt die württembergische SPD als eher links, zeitweise sogar als radikal revolutionär. Es kann daher nicht

Reinhold Maier (1889–1971),
erster Ministerpräsident Baden-Württembergs.

verwundern, dass ihren Reihen neben notorischen Pragmatikern wie Wilhelm Blos und Wilhelm Keil so unbeugsame und leidenschaftliche Naturen wie Clara Zetkin und Kurt Schumacher entstammten. Aus der unterschiedlichen Ausrichtung der Partei in beiden Ländern erklärt sich auch (wenigstens zum Teil), dass die SPD in Baden bis 1932 kontinuierlich an der Regierung beteiligt war, während sie sich in Württemberg schon 1923 bis ans Ende der Republik auf die Bänke der Opposition verwiesen sah. Beide Traditionen, die revisionistische in Baden und die theoretisch revolutionäre in Württemberg nach 1945 in einer gemeinsamen Partei zusammenzuführen, war kein leichtes Unterfangen. Und es mag sein, dass die bei vielen Wahlen immer wieder zu Tage getretene Strukturschwäche der baden-württembergischen SPD auch mit der Schwierigkeit zusammenhängt, einen lange angelegten inneren Zwiespalt zu überwinden.

Beim politischen Katholizismus als wichtigster Keimzelle der nach dem Zweiten Weltkrieg konfessionsübergreifend ganz neu entstandenen CDU war die Konstellation umgekehrt als bei Liberalen und Sozialdemokraten. Das badische Zentrum stand im reichsweiten Spektrum der Partei eher auf dem linken, christlich-sozial orientierten Flügel, das württembergische dagegen eher auf dem rechtskonservativen. Für das spezifische Profil der baden-württembergischen CDU war aber eine andere Besonderheit noch wichtiger. Denn die südwestdeutschen Christdemokraten sollten nicht nur die Nachfolge des katholischen Zentrums antreten, sondern auch in starkem Umfang die Traditionen speziell württembergischer bürgerlicher Parteien fortführen, die das protestantische Milieu Altwürttembergs repräsentierten. Dazu zählten in den Weimarer Jahren der *Württembergische Bauern- und Weingärtnerbund*, die *Württembergische Bürgerpartei*, die den Landesverband der DNVP gebildet hatte, und der *Christlich-Soziale Volksdienst*, dessen führender Vertreter am Ende der Weimarer Republik, Wilhelm Simpfendörfer, in der nordwürttembergischen CDU der Nachkriegszeit eine herausragende Rolle spielen sollte. Die CDU in Baden-Württemberg vereint in sich also recht unterschiedliche Traditionen, und sie ist hier in höherem Maße als in anderen Bundesländern, wo sie doch in vielen Fällen hauptsächlich den katholischen Bevölkerungsteil repräsentiert, tatsächlich eine konfessionsübergreifende, Angehörige beider christlichen Kirchen ziemlich gleichgewichtig vereinende Partei. Als Reflex der unterschiedlichen politischen, regionalen und konfessionellen Traditionen muss betrachtet werden, dass die CDU erst im Januar 1971 – also lange nach Gründung des Landes selbst – einen einheitlichen Landesverband bildete, während die SPD einen solchen schon 1952 und die FDP kurz darauf, im Februar 1953, hatten gründen können.

Die politischen Kräfteverhältnisse, wie sie sich in Südwestdeutschland nach dem Zweiten Weltkrieg herauskristallisieren sollten, gehen in ihren Ursprüngen schon auf die oben angetönten Konstellationen im Kaiserreich wie in der Weimarer Republik zurück. Der politische Katholizismus war in Baden mit dem Ende der Monarchie und der bis dahin beinahe künstlich aufrechterhaltenen Vorrangstellung der Nationalliberalen unter republikanischen Vorzeichen zur schlechthin bestimmenden politischen Kraft geworden. Zwar teilte er nach dem Vorbild des Schweizer Konvergenzmodells für die längste Zeit der Weimarer Demokratie die Regierungsgewalt mit Sozialdemokraten und Linksliberalen, doch kam ihm unbestritten die Führungsrolle zu – eine Rolle, die während der letzten Jahre vor der nationalsozialistischen Gewaltherrschaft auch nach außen dadurch sichtbar wurde, dass die jährlich wechselnden Staatspräsidenten alle vom Zentrum gestellt wurden. Auch in Württemberg, wo ihm mit Eugen Bolz der seit 1928 amtierende letzte demokratisch gewählte Staatspräsident angehörte, war die Stellung des Zentrums trotz der evangelischen Bevölkerungsmehrheit im Lande ausgesprochen stark, weil es in weitem Umfang die konservative Gesinnung der meisten protestantischen bürgerlichen Parteien teilte. Die Auspizien für eine konfessionsübergreifende bürgerlich-konservative Partei wie die CDU mussten dergestalt beim Neuaufbau einer Demokratie nach 1945 als ausgesprochen günstig gelten.

Für die Sozialdemokraten leiteten sich aus den Erfahrungen der Weimarer Jahre demgegenüber eher schlechte Aussichten ab, stärkste politische Kraft zu werden. In Württemberg war sie allzeit schwach und die längste Zeit nur Oppositionspartei geblieben, in Baden zwar Regierungspartei geworden – aber doch nur als Juniorpartner des sehr viel mächtigeren Zentrums.

Wiederum anders gestaltete sich die Ausgangssituation für die FDP. Aus vergleichsweise starken liberalen Traditionen – einer gemäßigt nationalliberalen in Baden und einer linksliberal-demokratischen in Württemberg – konnte sie die Hoffnung schöpfen, nach 1945 im Südwesten als eine respektable politische Kraft zumindest beachtet zu werden. Dass es dem baden-württembergischen Landesverband der FDP allerdings sogar gelingen sollte, den einzigen dieser Partei je entstammenden Regierungschef in einem deutschen Land der Nachkriegszeit und in derselben Person auch den ersten Ministerpräsidenten im neuen Südweststaat zu stellen, war bei Kriegsende freilich noch nicht abzusehen.

Von der Dreiteilung zur Einheit: Die Entstehung des Südweststaats (1945–1952)

Als die Vereinigten Staaten nach dem japanischen Überfall auf Pearl Harbor und der kurz darauf an sie ergangenen deutschen Kriegserklärung im Dezember 1941 in den Zweiten Weltkrieg eintraten, lehrte William W. Dawson Rechtswissenschaft an der Western Reserve University in Cleveland, Ohio. Als Mann in schon reiferen Jahren – er war 1892 geboren – erfüllte er die auch ihm nunmehr auferlegten Pflichten bei der Verteidigung des Vaterlands seit Oktober 1942 zunächst als Lehrer an der *School for Government of Occupied Territory* in Charlottesville, Virginia. Über weitere Stationen in Camp Custer (Michigan) und Shrivenham (England) kam er im Sommer 1944 nach Manchester, um dort ein intensives Trainingsprogramm zu absolvieren, das ihn zum künftigen Leiter der amerikanischen Militärverwaltung im Land Baden qualifizieren sollte. In Colonel James R. Newman stellte man ihm einen Kollegen mit der entsprechenden Schulung für Württemberg zur Seite. Mitte September 1944 wurden die *Regional Military Government Detachments* für die beiden südwestdeutschen Länder im französischen Rochefort gebildet – an ihrer Spitze Dawson und Newman. Sie sollten den kämpfenden Einheiten der US-Army nach Deutschland folgen und als Besatzungsoffiziere, die mit den jeweiligen regionalen Gegebenheiten und Besonderheiten bestens vertraut gemacht worden waren, den politischen wie ökonomischen Neubeginn in den ihnen zugewiesenen Ländern leiten und lenken. Die Länder Baden und Württemberg, die nach den letzten Plänen zur

Aufteilung Deutschlands durch die Großen Drei (USA, UdSSR, Großbritannien) ganz unter amerikanische Kontrolle hätten gelangen sollen, wären also in ihren bestehenden Grenzen mit an Sicherheit grenzender Wahrscheinlichkeit erhalten geblieben, hätten die Amerikaner ihre so lange vorbereiteten Planungen auch verwirklichen können. Es sollte jedoch alles ganz anders kommen, und erst dadurch eröffnete sich überhaupt die Aussicht auf eine auch politisch-administrative Neugestaltung des deutschen Südwestens.

Baden und Württemberg werden geteilt

Während der letzten Kriegswochen wurde Frankreich von den Amerikanern als formell gleichberechtigter Verbündeter und damit auch als künftige Besatzungsmacht in Deutschland anerkannt. Mit Rücksicht auf die Sowjetunion, die von einer Beteiligung der Franzosen nichts wissen wollte, konnte eine französische Zone freilich nur aus Gebieten gebildet werden, die eigentlich zur Besetzung durch die angelsächsischen Mächte vorgesehen waren. General de Gaulle, der als provisorischer französischer Regierungschef mit dem Gewinn des linken Rheinufers und darüber hinaus auch eines breiten Glacis' rechts des Rheins weit gesteckte territoriale Ambitionen verfolgte, kam es deshalb darauf an, ein möglichst großes Gebiet in Deutschland durch eigene Truppen zu erobern. In einem wahren Wettlauf mit den Amerikanern gelang es den französischen Einheiten dann tatsächlich auch, mit Ausnahme jeweils des äußersten Nordens die größeren Teile von Baden und Württemberg samt den beiden Landeshauptstädten Karlsruhe und Stuttgart einzunehmen. Colonel Dawson fand sich daher am 8. Mai 1945, dem Tag der deutschen Kapitulation, nicht wie vorgesehen in der badischen Landeshauptstadt, sondern in Schwäbisch Gmünd – mitten in Württemberg – wieder. Zwar konnte er, nachdem die Amerikaner de Gaulle gezwungen hatten, die französischen Besatzungstruppen auf eine Grenze südlich der von Karlsruhe nach Ulm verlaufenden Autobahn zurückzuziehen, am 8. Juli 1945 nach Stuttgart umziehen, um von dort aus Nordwürttemberg und bald darauf auch Nordbaden zu regieren; seine Aufgabe für ganz Baden zu erfüllen, blieb ihm jedoch verwehrt. Auch für seinen Kollegen Newman ergab sich aus dieser Konstellation eine neue Aufgabenstellung. Anstelle von Württemberg wurde ihm das neu gebildete »Großhessen« als amerikanischem Militärgouverneur unterstellt.

Baden wie Württemberg waren also fortan geteilt. Dabei gehörten die stärker industrialisierten und dichter besiedelten nördlichen Gebiete der beiden Länder zur amerikanischen, ihre eher agrarisch strukturierten und weitaus dünner besiedelten südlichen Teile zur französischen Zone. Die Teilung wurde nicht nur von den betroffenen Deutschen, sondern auch auf Seiten der Besatzungsmächte als unnatürlich und revisionsbedürftig empfunden. Die französischen Regierungen versuchten daher bis in das Jahr 1949 hinein mit nicht nachlassender Hartnäckigkeit, Nordbaden von den Amerikanern im Tausch mit Südwürttemberg zu erwerben und damit die alten Länder, die schließlich ein »Kaiser der Franzosen« dereinst geschaffen hatte, wiederherzustellen. Doch obwohl die Teilung auch von vielen maßgeblichen amerikanischen Besatzungsoffizieren mindestens bis 1948 sehr kritisch betrachtet wurde und in Washington aus übergeordneten weltpolitischen Überlegungen zeitweise sogar eine gewisse Neigung bestand, den französischen Wünschen zu entsprechen, setzte sich der Chef der amerikanischen Militärregierung in Deutschland Lucius D. Clay letztlich mit der Ansicht durch, dass im Blick auf die Reputation der amerikanischen Militärregierung in Deutschland, aber auch aus finanziellen und logistischen Gründen, ein Gebietstausch unmöglich in Frage kam. So blieb es letztlich bei der Teilung der beiden Traditionsländer im deutschen Südwesten. Der Südweststaat Baden-Württemberg ist 1952 nicht aus ihnen zusammengefügt, sondern aus ihren Trümmern aufgebaut worden.

Nordbaden und Nordwürttemberg werden vereinigt

Die amerikanische Militärregierung trug noch unter Dwight D. Eisenhower als ihrem ersten Chef der Teilung Badens und Württembergs sehr früh dadurch Rechnung, dass sie die ihr unterstellten nördlichen Gebiete beider Länder gegen Widerstände (nord-)badischer Politiker, aber auch einzelner Offiziere aus den eigenen Reihen zwangsvereinigte und am 19. September 1945 – zusammen mit Bayern und »Großhessen« – das neue Land Württemberg-Baden mit der Landeshauptstadt Stuttgart proklamierte. Wie sich erweisen sollte, schuf sie damit – wenn auch zunächst unbeabsichtigt – den Nukleus des späteren Südweststaats. Neben einigen reichen Agrarlandschaften schloss das mit nur 15 700 qkm flächenmäßig nicht sehr ausgedehnte Land fast alle wichtigen Industriestandorte der beiden älteren Länder ein, woraus eine dauerhafte ökonomische und finanzielle Präponderanz gegenüber den südlich angrenzenden Ländern der französischen Zone resultierte – und als Folge davon auch eine gewisse Magnetwirkung auf die ärmeren Nachbarn im Süden.

Den Beginn des politischen Lebens in Württemberg-Baden markierte die Ernennung des letzten württembergischen Wirtschaftsministers der Weimarer Zeit, Reinhold Maier (FDP / DVP), am 14. September 1945 bzw. die Vereidigung seines aus Vertretern von CDU, SPD und FDP / DVP zusammengesetzten Kabinetts zehn Tage später. Der nordbadische Landesteil war in der Regierung anfangs noch nicht vertreten; er erhielt eine Mitsprache erst mit dem von den Amerikanern barsch erzwungenen Eintritt des nordbadischen Landesbezirkspräsidenten Heinrich Köhler (CDU), der zuzeiten von Weimar mehrfach badischer Staatspräsident und kurzzeitig auch Reichsfinanzminister gewesen war, zunächst nur als stellvertretender Ministerpräsident am 29. Oktober 1945 und eines aus Mannheim stammenden kommunistischen Arbeitsministers einen Monat später. Das (nord-)badische Landesbezirkspräsidium

Vorläufige Regierung Reinhold Maier 1952.

in Karlsruhe behauptete aber noch für einige Jahre Reservatrechte in erheblichem Umfang, darunter das Recht auf einen eigenen Haushaltsplan und die ausschließliche Kompetenz der Beamtenernennung in dem ihm unterstellten Territorium. Erst nach dem am 6. Februar 1949 erfolgten Tod Köhlers wurden diese Rechte nach und nach ausgehöhlt, bis man sie schließlich mit der Bildung des Südweststaats 1952 ganz auf das Maß eines normalen Regierungspräsidiums reduzierte. Die kommunistische Beteiligung am Allparteienkabinett endete mit der vom Landtag wegen der Berliner Blockade verlangten Entlassung von Arbeitsminister Rudolf Kohl am 24. Juli 1948.

Eine erste – freilich noch ernannte – Repräsentativversammlung erhielt Württemberg-Baden mit dem Zusammentritt der Vorläufigen Volksvertretung am 16. Januar 1946. Bereits ein halbes Jahr später wurde am 30. Juni eine Verfassunggebende Landesversammlung gewählt. Die CDU errang mit 41 Mandaten hier erstmals im deutschen Südwesten die Stellung der stärksten politischen Kraft;

die SPD konnte 32 Mandate gewinnen, die FDP / DVP 17 und die KPD immerhin 10. Die maßgeblich von dem Südwürttemberger Carlo Schmid entworfene Landesverfassung, in der erstmals das (in seiner Bedeutung später freilich häufig überschätzte) Prinzip des konstruktiven Misstrauensvotums festgehalten war, wurde im Herbst 1946 sowohl von der Konstituante als auch vom Volk in einer Abstimmung mit breiter Mehrheit gebilligt. Bei der parallel mit dem Plebiszit durchgeführten ersten Landtagswahl ergab sich nur eine geringfügige Verschiebung der politischen Gewichte. SPD und KPD behaupteten ihre Mandate, die CDU verlor zwei an die FDP / DVP. Obschon somit noch immer nur drittstärkste Kraft, stellten die Liberalen mit Reinhold Maier auch weiterhin den Regierungschef; Maier war damit der einzige der von den Amerikanern im Herbst 1945 eingesetzten Ministerpräsidenten, der seine Stellung nach der ersten Landtagswahl zu behaupten vermochte.

Die Arbeit der ersten parlamentarischen Regierung, die zunächst als Allparteienkoalition fortgesetzt wurde, war nicht frei von Spannungen – insbesondere zwischen der CDU und den übrigen Parteien; sie blieb unter der souveränen Führung Maiers aber doch immer von starker Sachorientierung geprägt. Die drängendsten Aufgaben bildeten dabei der Wiederaufbau der stark zerstörten Infrastruktur, die Beschaffung von Wohnraum und die Integration einer gewaltigen Zahl von Flüchtlingen und Vertriebenen, die vorläufig nur in der amerikanischen, nicht jedoch in der französischen Zone aufgenommen wurden. Wurde die mit dem Münchner Befreiungsgesetz vom 5. März 1946 eingeleitete Entnazifizierung trotz vereinzelten Murrens über die von den Amerikanern verlangten bürokratischen Formen von der Landesregierung mit Hilfe der Spruchkammern, die einem eigens eingerichteten Befreiungsministerium unterstellt waren, weitgehend loyal durchgeführt, begegneten andere Reformvorhaben der Besatzungsmacht wie die Bodenreform, die Dekartellisierung oder die Abschaffung der traditionellen deutschen Handwerksordnung einem hinhaltenden

Widerstand seitens der deutschen Politiker. Letztlich konnte die amerikanische Militärregierung ihre Vorstellungen nur im Bereich der Medienpolitik mit der Ersetzung der traditionellen deutschen Parteipresse durch überparteiliche Lizenzzeitungen und mit der öffentlich-rechtlichen Organisation des Rundfunks in vollem Umfang durchsetzen.

Die zweite Landtagswahl am 19. November 1950 wurde für die CDU wegen der erstmaligen Zulassung des GB/BHE als parteipolitischer Vertretung von Flüchtlingen und Vertriebenen zum Debakel. Sie gewann nurmehr 28 Sitze, der GB/BHE demgegenüber zum Erstaunen der Öffentlichkeit 16. Als stärkste Kraft ging 1950 deshalb zum ersten und einzigen Mal im deutschen Südwesten überhaupt die SPD mit 35 Mandaten aus einer Wahl hervor. Auch die FDP/DVP konnte mit 22 Sitzen zulegen, derweil die Kommunisten jetzt an der 5 %-Klausel scheiterten. Weil sich die CDU nach der verlorenen Wahl beharrlich einer weiteren Regierungsbeteiligung verweigerte, bildete Reinhold Maier nach dem taktisch wie staatspolitisch begründeten Verzicht der Sozialdemokraten auf das Amt des Ministerpräsidenten am 11. Januar 1951 ein Kabinett nur aus FDP/DVP und SPD, das bis zur Auflösung des Landes bei der Bildung des Südweststaats mit beachtlichem Erfolg und vergleichsweise reibungsfrei arbeitete. Es waren diese Erfahrungen vor allem, die Maier bei der Gründung des Landes Baden-Württemberg bewogen, auch hier die Zusammenarbeit mit der SPD zu suchen und die CDU von der Regierungsverantwortung auszuschließen, womit er einen Sturm der Entrüstung entfachen sollte. Dergestalt stand die erste Regierung von Baden-Württemberg in einer deutlichen Kontinuität zur letzten des Landes Württemberg-Baden – einer Kontinuität, die freilich mit der Bildung einer neuen Regierung auf sehr breiter Basis unter dem Christdemokraten Gebhard Müller schon bald abreißen sollte.

Im Süden bleiben Rumpfstaaten

Obwohl auch ein Zusammenschluss der südlichen Landesteile von Baden und Württemberg von der französischen Besatzungsmacht zeitweise zumindest erwogen wurde, blieb hier die Grenze zwischen beiden Ländern während der Besatzungszeit doch allzeit unverändert intakt – in der Hauptsache wohl deshalb, weil der von Paris so sehr gewünschte Ländertausch so am wenigsten durch vorzeitige Festlegungen gefährdet wurde. Darin lag auch der Grund für die vergleichsweise späte Konstituierung der südlichen Gebiete als eigenständige Länder.

Von Baden besaß Frankreich nach der endgültigen Abgrenzung seiner Zone Anfang Juli 1945 zwischen der Nordgrenze des Landkreises Rastatt und dem Bodensee mit knapp 10 000 qkm nach dem Gebietsumfang zwar immer noch fast zwei Drittel; 1939 waren in diesem Territorium jedoch nur knapp die Hälfte der Bevölkerung ansässig gewesen, und vor allem war hier nur wenig mehr als ein Drittel der gesamten Wirtschaftsleistung Badens erbracht worden. Südbaden war also ein vergleichsweise strukturschwaches, vorwiegend von Land- und Forstwirtschaft sowie dem Weinbau (in diesen Sektoren arbeiteten auch dem Krieg noch mehr als 40 % der Beschäftigten!) geprägtes Gebiet, ebenso schwach urbanisiert wie industrialisiert. Die schlechte ökonomische Lage wurde darüber hinaus noch weiter dadurch verschärft, dass die Besatzungsmacht das ihr unterstehende badische Gebiet durch Entnahmen aus der laufenden Produktion, rigide durchgeführte Demontagen und drastisch gesteigerten Holzeinschlag, vor allem aber durch die Inanspruchnahme von etwa zwei Dritteln des Steueraufkommens im Durchschnitt der Jahre 1946–1950 im Vergleich mit anderen Ländern – auch der französischen Zone – weit überproportional belastete. Da half es auch wenig, dass die Militärregierung den massenhaften Zustrom von Flüchtlingen und Vertriebenen noch für längere Zeit verhinderte.

Schon unmittelbar nach ihrem Einzug in die badische Landeshauptstadt Karlsruhe hatten die Franzosen im Mai 1945 eine Landesverwaltung unter dem Finanzbeamten Alfred Bund in der Hoffnung eingesetzt, dass sich deren Autorität schon bald auf ganz Baden ausdehnen werde. Auf Weisung der französischen Militärregierung verharrte die deutsche Verwaltung deshalb über den Zeitpunkt der Neuabgrenzung der Zonen hinaus zunächst noch in Karlsruhe, ehe sie angesichts der kühlen Ablehnung durch die Amerikaner die Aussichtslosigkeit ihrer Absichten erkannte und der bereits ein halbes Jahr zuvor dorthin umgezogenen Militärregierung, im Dezember 1945 nach Freiburg folgte. Die von Bund angeführte Verwaltung war ein reines Beamtengremium ohne größere Kompetenzen und gefestigte Autorität. Der deshalb von deutscher Seite im Verlaufe des Jahres 1946 wiederholt vorgetragene Wunsch, ein Landesstatut zu erlassen, blieb zunächst unerfüllt. Erst nach der Gründung des Landes Rheinland-Pfalz erkannte die französische Militärregierung am 8. Oktober 1946 auch ihrem Teil Badens den Status eines Landes zu. Die daraufhin – freilich nur indirekt – durchgeführte erste Wahl einer Beratenden Landesversammlung endete im Triumph der *Badischen Christlichen-Sozialen Volkspartei* (BCSV), als welche der spätere Landesverband der CDU auf Wunsch der Franzosen bis 1947 zunächst firmierte. Gleichwohl wurde das am 3. Dezember 1946 gewählte erste Staatssekretariat, an dessen Spitze der Vorsitzende der BCSV Leo Wohleb trat, aus Mitgliedern aller Parteien unter Einschluss der KP gebildet. Die nachfolgenden Verfassungsberatungen führten zu einigen bemerkenswerten Bestimmungen – darunter die Festlegung eines Rechts auf Wehrdienstverweigerung.

Gleichzeitig mit der Abstimmung über die Verfassung, die vom Volk nur mit einer Zweidrittelmehrheit gebilligt wurde, fand am 18. Mai 1947 die erste (und einzige) Landtagswahl statt. Die BCSV gewann wiederum die absolute Mehrheit mit 34 von 60 Mandaten. Auf die SPD entfielen 13, auf die FDP 9 und auf die KPD 4 Sitze.

Mitglieder des Landtags von Württemberg-Hohenzollern 1952.

Am 24. Juni 1947 wurde Wohleb zum Regierungschef mit dem Titel eines Staatspräsidenten gewählt. Er bildete anschließend ein Kabinett aus CDU und SPD, das jedoch schon am 29. Dezember 1947 zerbrach, weil der Staatspräsident die weitgehenden Forderungen seines Parteifreunds und Landwirtschaftsministers Lambert Schill in der Frage der Bodenreform, die von der SPD geteilt wurden, u.a. aus Rücksicht auf das hochadlige Haus Fürstenberg nicht zu erfüllen gewillt war. Bis zu seinem Ende wurde Baden deshalb seit Jahresbeginn 1948 allein von der CDU regiert.

Die politische Kultur des Landes Baden (französisches Besatzungsgebiet) wies einige charakteristische Eigentümlichkeiten auf, die sich in einem von starkem Reformimpetus angestoßenen Prozess intensiver Interaktion zwischen Besatzungsmacht und deutschen Politikern entwickelten. So vertraten beide Seiten nicht nur bisweilen ins Extreme gesteigerte föderalistische Prinzipien, sie führten auch im Bereich der Sozialversicherung und bei der betrieblichen wie überbetrieblichen Mitbestimmung weitreichende sozialpolitische Neuerungen ein, die freilich nach der Gründung der Bundesrepublik Deutschland fast alle wieder rückgängig gemacht werden mussten. Bei der Entnazifizierung, die in Baden anfangs nach dem Prinzip der »Selbstreinigung« (*auto*-épuration) eher ungeregelt und chaotisch verlief, und bei der Bodenreform blieb man indessen allzeit hinter den hochgesteckten Reformzielen zurück. Eine wichtige Festlegung für die (süd-)badische Politik traf schon die erste Landesverwaltung insofern, als sie sich namentlich auf Betreiben Paul Zürchers zur »Treuhänderin des (gesamten) badischen Volkes« erklärte und damit die dann sogar in der Präambel der Verfassung verankerte Idee eines südbadischen Kernstaats entwickelte, von dem aus das alte Land Baden wiederherzustellen sei.

Mit ebenfalls rund 10 000 qkm war (Süd-)Württemberg-Hohenzollern als zweites Land der französischen Besatzungszone in der Südwestecke Deutschlands flächenmäßig so groß wie (Süd-)Baden, aber mit nur etwas mehr als einer Million Einwohner noch dünner besiedelt und noch weniger urbanisiert. Auf seinem Territorium, das außer dem Südteil des alten Württemberg auch die bis 1945 zum preußischen Staatsgebiet gehörenden Hohenzollerischen Lande umfasste, lag keine einzige Großstadt. So diente das beschauliche Tübingen, von alters her Sitz der württembergischen Landesuniversität, als Landeshauptstadt, und der kleine Landtag fand eine Heimstatt im nahe gelegenen Kloster Bebenhausen. Anders als das französisch besetzte Baden erhielt Württemberg-Hohenzollern mit der Einsetzung eines Staatssekretariats unter dem als Sohn einer Französin geborenen Sozialdemokraten Carlo Schmid bereits am 16. Oktober 1945 eine politische Führung Die weitere Entwicklung verlief dann aber parallel mit der in Baden: Der förmlichen Konstituierung als Land im Oktober 1946 folgten zunächst die indirekte Wahl einer Beratenden Landesversammlung am 17. November und die Einsetzung eines Staatssekretariats, dem weiterhin Schmid präsidierte, am 9. Dezember, sodann die Verfassungsberatungen und am 17. Mai 1947 die Volksabstimmung über die Verfassung und die erste Landtagswahl, die wie in Baden die einzige bleiben sollte. Im Unterschied jedoch zum westlichen Nachbarland gehörte dem Staatssekretariat in Württemberg-Hohenzollern kein Kommunist an, wie man in diesem Land überhaupt als einzigem in Deutschland während der Nachkriegsjahre immer auf eine administrative Mitwirkung von Kommunisten verzichtet hat.

Aus der Landtagswahl ging die CDU mit dem Gewinn einer absoluten Mehrheit von 32 Sitzen als klare Siegerin hervor. Auf die SPD entfielen 12, auf die FDP / DVP 11 und auf die KPD 5 Mandate. Der am 8. Juli 1947 zum Regierungschef gewählte CDU-Politiker Lorenz Bock, der wie in Baden den etwas hochtrabenden Titel eines Staatspräsidenten führte, bildete am 22. Juli 1947 eine Regierung aus CDU, SPD und FDP / DVP. Nach Bocks Tod am 4. August 1948 folgte ihm mit dem noch nicht fünfzigjährigen Gebhard Müller ein Vertreter der jüngeren CDU-Generation ohne direkte politische Erfahrung aus den Weimarer Jahren an der Spitze der Regierung nach. Die FDP / DVP schied mit der Berufung von Wirtschaftsminister Eberhard Wildermuth zum Bundesminister für Wohnungsbau im September 1949 aus dem Tübinger Kabinett aus. Seither wurde Württemberg-Hohenzollern von einer Großen Koalition aus CDU und SPD regiert. Dies entsprach im Übrigen auch der politischen Idealvorstellung Gebhard Müllers, für die er sogar auf Bundesebene bei der berühmten Rhöndorfer Weichenstellung im August 1949 gegen Adenauers Konzept der bürgerlichen Koalition – freilich vergeblich – eingetreten war, weil er glaubte, Nachkriegsnot und demokratischer Wiederaufbau erforderten ausnahmsweise die enge Kooperation von Christ- und Sozialdemokraten. Die Vorliebe für eine Zusammenarbeit mit der SPD bedeutete freilich nicht, dass Müller dezidiert linke Positionen in seiner Partei vertreten hätte. Die südwürttembergische CDU setzte vielmehr ungleich stärker als die südbadische, in der christlich-soziales Gedankengut und mit ausdrücklicher Billigung des Freiburger Erzbischofs Gröber auch die Idee der Konfessionsgrenzen überschreitenden christlichen Sammlung fest verankert waren, die Tradition des genuin politischen Katholizismus im Sinne der alten Zentrumspartei fort. So bedeutete der starke Einfluss, der von der katholischen Kirche ausging, eine markante Sonderentwicklung in der politischen Kultur des Landes Württemberg-Hohenzollern. Von daher kam es, dass der Bebenhäuser Landtag das Grundgesetz für die Bundesrepublik Deutschland wegen der darin angeblich unzureichenden Berücksichtigung des Elternrechts im Unterschied zu den Volksvertretungen in Stuttgart und Freiburg nur mit knapper Mehrheit billigte, und dass in Württemberg-Hohenzollern die alte – erst kurz zuvor von den Nationalsozialisten gebrochene – württembergische Tradition der Konfessionsschule, die man in Baden schon 1876 abgeschafft hatte, wieder aufgenommen und fortgeführt wurde.

Ökonomisch schwach fundiert und wie das Land Baden von der französischen Besatzungsmacht zu gewaltigen Kontributionen herangezogen, war Württemberg-Hohenzollern von Beginn an nicht eigentlich lebensfähig. Dem Land stand nur etwa ein Viertel der Steuereinnahmen von Gesamtwürttemberg zu Gebote, es sollte damit aber ein Drittel der Schulen und gar zwei Fünftel der Straßen des alten Landes unterhalten. Daher blieb man in Tübingen fast die ganze Zeit auf direkte Kassenhilfen aus Stuttgart angewiesen. In diesen asymmetrischen Verhältnissen liegt der Hauptgrund dafür, dass von der Regierung Württemberg-Hohenzollerns die energischsten Anstrengungen unternommen wurden, um die von den Alliierten verfügte Dreiteilung des deutschen Südwestens möglichst rasch zu überwinden.

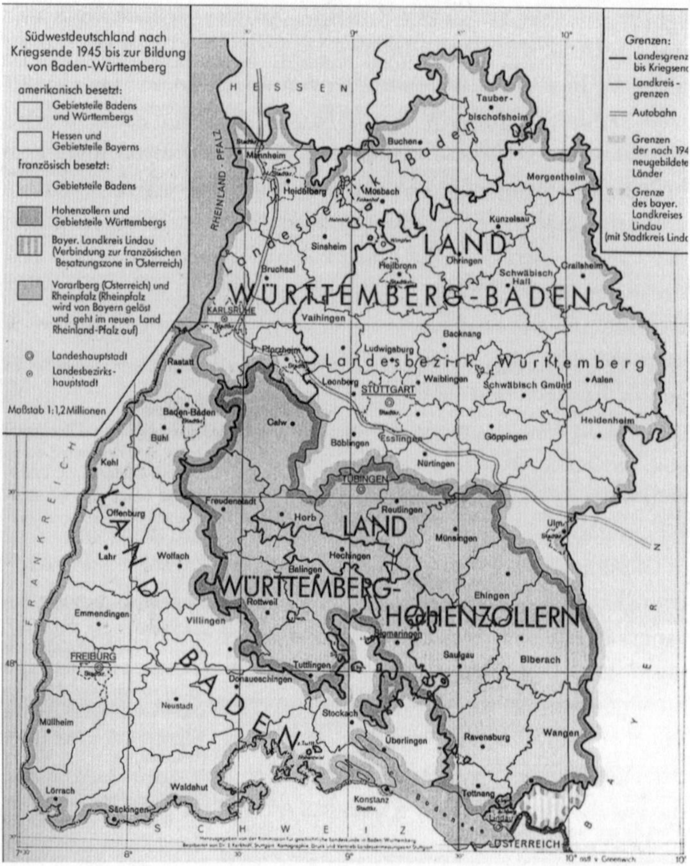

Besatzungszonen in Südwestdeutschland.

Westalliierte und Parlamentarischer Rat eröffnen einen ganz neuen Weg (1948/49)

Die unhaltbare dysfunktionale Dreiteilung des deutschen Südwestens zu überwinden, war von Beginn an das Ziel aller hier verantwortlichen Landesregierungen. Und bis 1948 war man sich auch darin einig, dass die Wiederherstellung der alten Länder Württemberg (dieses freilich nun unter Einschluss Hohenzollerns) und Baden die beste Lösung sei. Eine neue Perspektive eröffnete sich erst, als die Militärgouverneure der drei westlichen Besatzungsmächte den versammelten Ministerpräsidenten der Westzonen mit der Übergabe der Frankfurter Dokumente am 1. Juli 1948 auch den Auftrag erteilten, die Grenzen der einzelnen Länder zu überprüfen und gegebenenfalls Änderungen vorzuschlagen. Diese Direktive der obersten Autoritäten in den Westzonen, deren Motive hauptsächlich in dem auch bei ihnen vorhandenen Bewusstsein von der Unhaltbarkeit der Lage in Südwestdeutschland zu suchen sein dürften, bot Reinhold Maier die Gelegenheit, seinen badischen Amtskollegen Leo Wohleb zu einem mit der Tübinger Regierung schon vorher verabredeten Treffen auf den Hohenneuffen einzuladen. So wurde diese Konferenz, die am 2. und 3. August 1948 unter erheblichem Aufwand der gastgebenden Stuttgarter Regierung stattfand, zur ersten Begegnung von Vertretern aller drei südwestdeutschen Nachkriegsländer.

Wichtigstes Ergebnis der Konferenz bildete die Einsetzung einer Expertenkommission zur Formulierung eines Staatsvertrags, in dem der Zusammenschluss der drei Nachkriegsländer geregelt werden sollte. Dass der badische Staatspräsident Wohleb, der auf dem Hohennneuffen ganz geschwiegen hatte, sich darauf einließ, obwohl er unverbrüchlich dem Auftrag verpflichtet blieb, von seinem Kernstaat (Süd-)Baden aus das alte Land Baden wiederherzustellen, hing mit dem eben in diesen Wochen tagenden, aber schon bald ergebnislos aufgelösten Ländergrenzenausschuss der Minis-

Dreiländertreffen auf dem Hohenneuffen, 1948. V. l. Viktor Renner, Leo Wohleb, Heinrich Köhler und Reinhold Maier.

terpräsidentenkonferenz zusammen, von dem er die Gefahr eines Diktats in der Südweststaatfrage witterte. Die Verhandlungen über den Staatsvertrag begannen am 10. August 1948 in Karlsruhe. Unter maßgeblicher Mitwirkung Heinrich Köhlers, der sich aus Furcht vor französischen Ambitionen auf die Erlangung einer wie auch immer gearteten dominanten Stellung in Baden vom entschiedenen Verfechter der Wiederherstellung der alten Länder zum Anhänger des Südweststaats gewandelt hatte, einigte man sich bereits am 24. August auf den Vertragstext. Danach sollten die drei Nachkriegsländer zu einem Südweststaat mit den vier Landesbezirken Nordwürttemberg, Nordbaden, Südbaden und Südwürttemberg-Hohenzollern vereinigt werden. Freilich war vorgesehen, diesen Bezirken weitgehende Selbstverwaltungsbefugnisse und sogar eigene Haushaltspläne einzuräumen. Der Vertrag sollte als Bestandteil einer künftigen Verfassung gelten, für sein Inkrafttreten die Zustimmung einer je eigenen Mehrheit in den drei Ländern erforderlich sein. Zwei der drei (süd-)badischen Unterhändler billigten den Text; nur Justizminister Fecht übte Enthaltung. Diese Stimmenthaltung und das Fehlen einer alternativen Fragestellung im Falle einer Ablehnung des Vertragswerks in einer der Volksabstimmungen nahm die Freiburger Regierung zum Anlass, schon wenige Tage später zu erklären, das Vertragswerk sei nicht bindend. Die zeitliche Koinzidenz dieser Absage mit der Auflösung des Ländergrenzenausschusses ist offensichtlich. Leo Wohleb ist wegen seiner Weigerung, dem Karlsruher Vertrag Geltung zu verschaffen, heftig gescholten worden. Objektiv hat seine Weigerung jedoch bewirkt, dass der Südweststaat zwar später, aber unter günstigeren Umständen und als staatsrechtlich stabilere Konstruktion ins Leben treten konnte.

Die nun zum Hauptproblem gewordenen Modalitäten einer Volksabstimmung standen im Mittelpunkt der weiteren Konferenzen, zu denen die drei südwestdeutschen Regierungschefs am 16. September 1948 im südbadischen Bühl und am 28. September in Bebenhausen zusammentrafen. Gegenstände der Unterhandlungen waren hier zum einen der Zuschnitt der Abstimmungsbezirke und zum anderen die alternative Fragestellung im Falle der Ablehnung eines Zusammenschlusses. Dabei konnte sich Wohleb mit seiner Forderung, nach alten Ländern getrennt durchzuzählen, durchsetzen. Für seine weitere Forderung jedoch, nach einem Scheitern des Südweststaats im Plebiszit als Alternative nur die Frage nach der Wiederherstellung der alten Länder zuzulassen, fand er in Bebenhausen Unterstützung allein bei Gebhard Müller, derweil Reinhold Maier, der sich einstweilen auch mit einem Zusammenschluss von Württemberg-Baden mit Württemberg-Hohenzollern zu einer Art »Großwürttemberg« zufrieden gegeben hätte, auf dieser Alternative beharrte. So endete die erste Verhandlungsphase ohne greifbares Ergebnis.

In den nachfolgenden Monaten, während derer in Bonn das Grundgesetz beraten wurde, schieden die deutschen Akteure in der

Südweststaatfrage aus dem Geschehen aus. Nur Amerikaner und Franzosen verhandelten noch über das leidige Problem, ohne freilich auch nur die geringsten Fortschritte zu erzielen. Im April 1949 verkündeten die Alliierten, dass der allgemeine Neugliederungsartikel 29 im Grundgesetz bis zu einem Friedensvertrag ausgesetzt bleiben werde. In dieser kritischen Situation, in der jegliche Territorialreform in Südwestdeutschland blockiert zu werden drohte, ergriff Gebhard Müller in Absprache mit Reinhold Maier die Initiative, um die Einfügung eines Spezialartikels in das Grundgesetz zur Verhinderung drohenden Stillstands zu erreichen. Am 3. Mai 1949 sandte der Tübinger Regierungschef ein entsprechendes Schreiben an Konrad Adenauer als Präsidenten des Parlamentarischen Rats und bereits drei Tage später wurde der von Theodor Eschenburg formulierte Artikel 118 im Hauptausschuss des Rates angenommen. Er bestimmte, dass eine Neugliederung im deutschen Südwesten abweichend von Artikel 29 entweder durch eine Vereinbarung der drei Länder oder durch ein Bundesgesetz erfolgen könne. In beiden Fällen war die Regelung indes einer Volksabstimmung zu unterwerfen. Da der allgemeine Neugliederungsartikel 29 tatsächlich bis zur Erlangung formaler Souveränität durch die Bundesrepublik im Jahre 1955 suspendiert blieb, kam dem Spezialartikel 118, der im Übrigen noch heute – freilich für den Zusammenschluss von Berlin und Brandenburg – Geltung besitzt, größte Bedeutung als der entscheidenden Weichenstellung für die Bildung des Südweststaats zu.

Eine vertragliche Lösung scheitert (1949/50)

In ihrem Genehmigungsschreiben vom 12. Mai 1949 billigten die drei Militärgouverneure der Westzonen den Artikel 118 ausdrücklich. Freilich hatten sie zuvor schon ein Moratorium verkündet, wonach die Territorialreform im deutschen Südwesten bis auf einen Zeitpunkt nach der Bildung der ersten Bundesregierung vertagt werden sollte. Daher erlahmten für die nächsten Monate die Aktivitäten in der Südweststaatfrage wenigstens nach außen hin. Stillstand herrschte dennoch nicht. Bei einem persönlichen Treffen von Reinhold Maier und Gebhard Müller am 21. Juni 1949 in Schlattstall im Kreis Nürtingen und einer gemeinsamen Sitzung des Stuttgarter und des Tübinger Kabinetts am 30. Juni beschloss man eine enge Zusammenarbeit zwischen Württemberg-Baden und Württemberg-Hohenzollern in der Südweststaatfrage. Auf Wunsch Gebhard Müllers sollte dabei zunächst der Weg der freien Vereinbarung zwischen den drei Nachkriegsländern beschritten werden.

Nachdem Leo Wohleb schon im Februar 1949 in Karlsruhe eine *Arbeitsgemeinschaft der Badener* gegründet hatte, um die in Nordbaden vielfach aufkeimende Furcht vor einer mit der Wiederherstellung der alten Länder einhergehenden Eingliederung in die französische Besatzungszone zu zerstreuen und die Stimmung in seinem Sinne zu wenden, hob die südweststaatfreundliche Opposition in seinem Land, der vor allem Sozialdemokraten und Liberale, aber auch Mitglieder der *Jungen Union* angehörten, im Juni 1949 unter tätiger Mithilfe des Tübinger Spitzenbeamten Theodor Eschenburg in Freiburg eine *Vereinigung Südwest für Südbaden* aus der Taufe. Beide Organisationen, die später zu Landesverbänden erweitert wurden, gingen also auf Initiativen der interessierten Regierungen zurück, und sie erhielten im Übrigen auch nicht unerhebliche Unterstützung aus öffentlichen Mitteln. Im Unterschied jedoch zur badischen Bewegung Wohlebs, die ihr Führungspersonal fast ausnahmslos aus dem Milieu von Beamten und Juristen rekrutierte, derweil sich die staatsfernen Eliten einer Mitarbeit fast ganz verweigerten, fand sich zur Unterstützung des Südweststaats ein breites Bündnis gesellschaftlicher Kräfte zusammen. Dazu gehörten die Gewerkschaften ebenso wie die Kammern und Verbände der mittelständischen Wirtschaft und der freien Berufe in

Nord- aber auch in Südbaden. Auch viele kommunale Vertretungen, besonders in der Kurpfalz und im Raum Pforzheim drängten massiv auf den Zusammenschluss der drei Nachkriegsländer. In beiden Gebieten war es vor allem die Hoffnung auf eine Überwindung der unglücklichen Grenzlage, die dem Südweststaatgedanken unwiderstehliche Kraft verlieh, wobei man in der Kurpfalz (und hier besonders in Mannheim) von einer Neugliederung auch die Aussicht auf eine Wiedervereinigung mit der linksrheinischen Pfalz erwartete. Demgegenüber erfuhr das badische Anliegen außerhalb des administrativen Bereichs fast nur Unterstützung durch den Freiburger Erzbischof Wendelin Rauch und den katholischen Klerus seiner Diözese. Trotz der verdeckten Form, in der diese Unterstützung gewährt wurde, rief sie doch vielfach Misstrauen bei den Protestanten und antiklerikale Affekte bei Liberalen und Sozialdemokraten wach und zeitigte damit – vom Sinn ihres Bestrebens aus betrachtet – teilweise auch kontraproduktive Effekte.

Getragen wurden die Initiativen für den Südweststaat hauptsächlich von der Überzeugung, dass eine Gesamtvereinigung des Südwestens erhebliche wirtschaftliche Vorteile mit sich brächte. In dem schon bald heftig wogenden Meinungsstreit entwickelte sich denn auch die Verheißung ökonomischen Aufschwungs zum wichtigsten und zugkräftigsten Argument der Südweststaatbefürworter. Demgegenüber appellierte die badische Seite stärker an das Gefühl. »Heimat« – als Landschaft sowohl wie vor allem als historisch gewachsenes und identitätsstiftendes Gemeinwesen – wurde zum zentralen Begriff in der öffentlichen Agitation für die Wiederherstellung der alten Länder. Einer reinen Zweckrationalität, als deren Ausfluss das Bekenntnis zum Südweststaat gesehen wurde, suchte man historische Tradition und die Bedeutung emotionaler Bindung entgegenzusetzen.

Wegen der von den Alliierten verordneten Zwangspause gelangte das Problem der Territorialreform im deutschen Südwesten erst nach der Bildung der ersten Bundesregierung im Herbst 1949 wieder auf die Agenda. Insbesondere Gebhard Müller bemühte sich weiterhin unermüdlich um einen vertraglichen Kompromiss. Da der Riss zwischen Südweststaatanhängern und den bald etwas abschätzig »Altbadenern« genannten Befürwortern einer Wiederherstellung der alten Länder mitten durch die CDU ging, während die anderen politischen Parteien fast unisono für den Südweststaat eintraten, konnte er auf den Gewinn einer starken Ausgangsposition im neuen Land für sich wie seine Partei nur hoffen, wenn er zuvor die innerparteilichen Gräben überbrückt und Einvernehmen mit seinem Parteifreund Leo Wohleb hergestellt hatte. Auf einer Tagung der CDU-Landesvorstände am 22. Oktober 1949 in Freudenstadt gestand Müller deshalb zu, dass bei einer Volksabstimmung nur die Alternativfrage – Südweststaat oder Wiederherstellung der alten Länder – gestellt werden solle. Hinsichtlich der Auswertung der Stimmen sollte es weiter beim Prinzip des Durchzählens nach alten Ländern bleiben. Diese den badischen Positionen weit entgegenkommende Festlegung glaubte der Tübinger Regierungschef verantworten zu können, weil ihm demoskopische Untersuchungen des Allensbacher Instituts die Gewissheit eingepflanzt hatten, auch in Gesamtbaden sei eine Mehrheit für den Südweststaat zu erlangen.

Dem Stuttgarter Regierungschef Reinhold Maier lagen zur selben Zeit freilich ganz andere Umfrageergebnisse vor, die in Gesamtbaden eine knappe Mehrheit von 51,4 % für die Wiederherstellung der alten Länder voraussagten. Diese mit den späteren tatsächlichen Ergebnissen bemerkenswert gut übereinstimmende Prognose, signalisierte höchste Gefahr für den Zusammenhalt des Landes Württemberg-Baden. Maier rückte deshalb nach längerem Zögern auch auf massives Drängen der sozialdemokratischen Mitglieder seines Kabinetts hin im Dezember 1949 von seiner Zusage, nach alten Ländern durchzuzählen, ab und bekannte sich seither zu einem neuen Auszählungsmodus, den der Weinheimer Industrielle Richard Freudenberg – als Bundestagsabgeordneter Hospitant der FDP-Fraktion – erfunden und Anfang November an die Stuttgarter Regierung herangetragen hatte. Danach sollte das Abstimmungsgebiet in die vier Bezirke Nordbaden, Nordwürttemberg, Südbaden und Südwürttemberg-Hohenzollern aufgeteilt und ein positives Votum von einer Mehrheit in dreien dieser Bezirke abhängig gemacht werden. Da Mehrheiten für den Südweststaat in den württembergischen Bezirken außer Frage standen, lief dieses Verfahren letztendlich darauf hinaus, die nordbadische Bevölkerung allein über Sein oder Nichtsein des Südweststaats entscheiden zu lassen, derweil das Votum der Wähler Südbadens als viertem Bezirk (und eigenständigem Bundesland!) bedeutungslos wurde. Da nach Lage der Dinge eine Majorität für den Südweststaat auch in Nordbaden sicher schien, präjudizierte der Vier-Bezirke-Modus das Abstimmungsergebnis in einer für Wohleb und seine Anhänger unerträglichen Weise. Die badische Regierung lehnte ihn denn auch – ebenso wie vorläufig noch jene von Württemberg-Hohenzollern – kategorisch ab.

So ergab sich Anfang 1950 eine neue Frontstellung: Die Stuttgarter Regierung stand mit ihrem Vorschlag, den Vier-Bezirke-Modus anzuwenden, allein gegen Tübingen und Freiburg, wo man jeweils am Prinzip des Durchzählens nach alten Ländern festhielt. Für geraume Zeit bewegte sich deshalb nichts mehr. Bewegung entstand erst wieder, als auf einem Treffen der drei südwestdeutschen Regierungschefs am 15. April 1950 in Freudenstadt der wohl auf Theodor Eschenburg zurückgehende Vorschlag unterbreitet und gebilligt wurde, eine Volksbefragung, d.h. de facto eine Probeabstimmung, durchzuführen. Offenbar lag der Tübinger Regierung daran, damit den Nachweis zu führen, dass auch das Durchzählen nach alten Ländern Erfolg für den Südweststaat verhieß. Darin sollte sie sich jedoch gründlich täuschen. Die Probeabstimmung vom 24. September 1950 erbrachte in Gesamtbaden eine hauchdünne Mehrheit von 50,7 % gegen den Südweststaat. Nach diesem Ergebnis durften sich Wohleb und Maier in ihrer Haltung jeweils bestätigt sehen;

Gebhard Müller musste sich hingegen bewegen, wollte er das Ziel einer Gesamtvereinigung nicht verspielen. Der Tübinger Staatspräsident rückte denn auch bald von seiner bis dahin vertretenen Position ab. Nach einigen weiteren zur Wahrung der Form durchgeführten Treffen der drei Regierungschefs unterrichtete Müller Bundeskanzler Adenauer in einem Brief vom 28. November 1950, dass eine vertragliche Vereinbarung über eine Neugliederung im südwestdeutschen Raum zwischen den drei bestehenden Ländern nicht möglich sei; am 18. Dezember 1950 erklärte er im Tübinger Kabinett, dass als Grundlage für das Auszählverfahren fortan auch für ihn der Vier-Bezirke-Modus zu gelten habe. So blieb nur der Weg über ein Bundesgesetz.

Der Bundesgesetzgeber führt die Entscheidung herbei (1951/52)

Im Bundestag wurde am 9. Januar 1951 zuerst der Entwurf der badischen Regierung durch den Abgeordneten Hilbert eingebracht, in dem – wie nicht anders zu erwarten – das Prinzip des Durchzählens nach alten Ländern verankert war. Am 26. Januar folgte der Entwurf der Regierung von Württemberg-Hohenzollern, den die gleichfalls der CDU angehörenden Abgeordneten Gengler und Kiesinger einbrachten. Für die entscheidende Volksabstimmung war darin nach der Kehrtwende Gebhard Müllers selbstverständlich die Anwendung des Vier-Bezirke-Modus vorgesehen. In der Bundestagsfraktion der CDU/CSU genoss der südbadische Entwurf anfangs die größere Unterstützung – gerade auch bei ihren führenden Köpfen. Auch Bundeskanzler Adenauer selbst favorisierte mit Rücksicht auf die sicheren Bundesratsstimmen der Länder Baden und Württemberg-Hohenzollern zur Absicherung seines außenpolitischen Kurses der Westbindung die badische Position. Wenn sich gleichwohl im Ausschuss für innergebietliche Neugliederung wie auch später im Plenum eine deutliche Mehrheit für den Entwurf Gengler / Kiesinger aussprach, war dies hauptsächlich der SPD zu danken, die ihr nicht unbeträchtliches Stimmpotential überhaupt bei allen parlamentarischen Entscheidungen zugunsten des Südweststaats in die Waagschale geworfen und damit letzten Endes immer den Ausschlag gegeben hat.

Am 25. April 1951 wurde das entscheidende »Zweite Neugliederungsgesetz«, das in seinem Kern dem Entwurf Gengler/Kiesinger entsprach, im Bundestag mit großer Mehrheit verabschiedet. Schon zwei Tage später folgte die Zustimmung des Bundesrats, für die Gebhard Müller vor allem bei den Landesregierungen von Nordrhein-Westfalen und Bayern kräftig gewirkt hatte. Der Bundesinnenminister legte danach als Termin für die nun gemäß dem Vier-Bezirke-Modus durchzuführende Volksabstimmung den 16. September 1951 fest. Mit der Anrufung des Bundesverfassungsgerichts, das zu diesem Zeitpunkt noch nicht einmal konstituiert war und erst im September 1951 seine Arbeit in Karlsruhe aufnahm, erreichte die badische Regierung dann zwar einen weiteren Aufschub, das am 23. Oktober 1951 ergangene Urteil geriet ihr jedoch zur Niederlage.

Obwohl die deutliche Mehrheit der beigezogenen Gutachter den badischen Rechtsstandpunkt stützte, erklärte das Gericht das Zweite Neugliederungsgesetz in seiner mit höchster Spannung erwarteten allerersten Entscheidung überhaupt für verfassungsgemäß. Die Klage der Freiburger Regierung war damit abgewiesen – freilich nicht durch ein einmütiges oder mit großer Mehrheit gefasstes Votum, sondern bei Gleichheit von sechs zu sechs Richterstimmen. Lässt schon dieses Patt erkennen, wie problematisch die Entscheidung in gewesen ist, zeigte das überwiegend negative Echo in der Fachwelt der Staatsrechtslehre, dass Zweifel fortbestanden. Dies galt insbesondere für die Zurückweisung des Einwands der Antragsteller, der Vier-Bezirke-Modus präjudiziere das Ergebnis und verletze damit den Gleichheitsgrundsatz. Hierzu bemerkte die

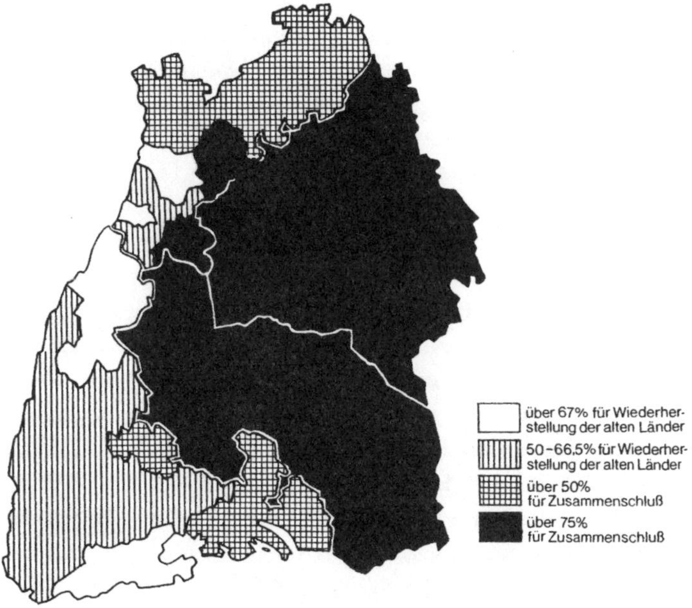

Ergebnisse der Volksabstimmung 1951.

südweststaatfreundliche Hälfte des Senats, eine sorgfältige Prüfung habe keine Indizien dafür ergeben, dass der Gesetzgeber bewusst ein bestimmtes Auszählungsverfahren gewählt habe, um die Neugliederung im Sinne des Südweststaats zu sichern. Insgesamt bot das Urteil zahlreiche Angriffsflächen. Die härteste Kritik übte das Gericht später selbst, als es 1956 ein zweites Südweststaaturteil fällte, das der Tendenz des ersten diametral zuwider lief. Als Termin für die Volksabstimmung wurde nach Verkündung des Urteils der 9. Dezember 1951 anberaumt. Über das Ergebnis konnte kein Zweifel sein. Tatsächlich entsprach es im Wesentlichen dem der Volksbefragung vom September des Vorjahres. Wohleb gelang es zwar, den Anteil der den Südweststaat ablehnenden Stimmen in (Süd-)Baden auf über 62 % zu steigern, womit dieser in Gesamtbaden auf immerhin 52,2 % wuchs, doch blieb das ohne jede Bedeutung, da sich in drei der vier Bezirke eine klare Mehrheit für eine Vereinigung der Nachkriegsländer fand. In Nordbaden sprachen sich 57,1 % der Abstimmungsteilnehmer, in Nordwürttemberg 93,5 % und in Südwürttemberg-Hohenzollern 91,4 % für den Südweststaat aus. Entscheidend war allein die Zustimmung in Nordbaden als dem dritten von vier Bezirken. Und hier wiederum waren es die Stimmen im dichtbesiedelten Rhein-Neckar-Raum und im Grenzraum um Pforzheim, die den Ausschlag gaben. Neben diesen Regionalismen, die – zumindest was die Kurpfalz anlangt – auf eine unvollständige Integration in den badischen Staat während des 19. Jahrhunderts schließen lassen, bildete die Tatsache, dass die politisch wie gesellschaftlich einst dominierende protestantische Minderheit in ganz Baden offenbar mehrheitlich für den Südweststaat stimmte, die zweite Auffälligkeit im Abstimmungsergebnis. Diese – nur auf den ersten Blick sonderbare – Verquerung der Fronten war wohl in erster Linie darauf zurückzuführen, dass der badische Staatsgedanke seit 1946 von Freiburg aus propagiert wurde. Hier im vorderösterreichischen Kernbereich des badischen Katholizismus war (Süd-)Baden als Kernstaat definiert worden, und dies hatte bei den Traditionseliten sofort Misstrauen hervorgerufen, sahen diese die badische Staatsidee doch nun von einer neuen – katholischen – Führungsschicht vereinnahmt und geradezu usurpiert. Mündete die regionalistische Kurpfalzidee also ganz selbstverständlich in die Südweststaatbewegung, bewirkte die *translatio* der badischen Staatsidee in das katholische einstige Vorderösterreich indirekt, dass ein Großteil derer, welche diese Idee bis dahin getragen hatte, mit ihr brach. Keine Bedeutung für den Sieg des Südweststaats besaß demgegenüber das Votum der Heimatvertriebenen. Eine Feinanalyse der Ergebnisse in den nordbadischen Gemeinden zeigt, dass Flüchtlinge und Vertriebene jeweils so abstimmten, wie es der Mehrheitsmeinung der Alteingesessenen am Ort entsprach – worin man den schönen Beweis für einen ausgeprägten Willen zur Integration erblicken darf.

Als erste Konsequenz aus dem Ergebnis der Volksabstimmung wurde am 27. Dezember 1951 ein Ministerrat aus Vertretern der drei Landesregierungen gebildet, zu dessen Vorsitzendem sehr zum Leidwesen Gebhard Müllers auf Vorschlag von Leo Wohleb der Stuttgarter Ministerpräsident Reinhold Maier gewählt wurde. Der Rat sollte vor allem ein undiszipliniertes Haushaltsgebaren in den drei nun vor der Auflösung stehenden Ländern verhindern, bereitete aber auch die nächsten Schritte vor, insbesondere die Wahl einer Verfassunggebenden Landesversammlung, die auf den 9. März 1952 terminiert wurde. Am 21. April 1952 trat der Ministerrat zu seiner letzten Sitzung zusammen. Vier Tage später stand die Wahl eines Ministerpräsidenten auf der Tagesordnung der Verfassunggebenden Versammlung. Sie, die zum Eklat geraten sollte, bildete gemäß den Vorschriften des Zweiten Neugliederungsgesetzes den eigentlichen Gründungsakt des neuen Südweststaats. So gehörten die unorganischen Grenzen im deutschen Südwesten, die von den Alliierten 1945 gezogen worden waren, seit dem 25. April 1952 endgültig der Vergangenheit an, war der »Kampf um den Südweststaat« mit diesem Tag zu seinem Ende gekommen. Endgültige Rechtssicherheit brachte am 17. Mai 1952 ein *Überleitungsgesetz,* mit dem die alten Länder auch förmlich aufgehoben wurden.

Fest gegründet war der neue Südweststaats freilich noch für geraume Zeit nicht. Die unterlegenen »Altbadener« gaben wegen ihres verletzten Rechtsempfindens keine Ruhe. Juristisch bedenklich erschienen ihnen neben dem Vier-Bezirke-Modus, den der prominente Verfassungsrichter Willi Geiger in seinem 1951 erstellten (jedoch erst 1989 veröffentlichten) abweichenden Votum unumwunden als »Wahlkreisgeometrie« bezeichnet hat, auch die Probeabstimmung zum Test des Auszählungsverfahrens (deren geistige Urheberschaft übrigens später niemand mehr in Anspruch nehmen wollte), vor allem aber die Tatsache, dass bei der Abstimmung vom 9. Dezember 1951 die Mehrheit in einem bestehenden Bundesland von den Wahlberechtigten zweier Nachbarländer überstimmt und damit die Auflösung des betroffenen Bundeslandes herbeigeführt wurde. In der Tat ist es vollkommen unvorstellbar, dass ein solches Verfahren in irgendeinem der klassischen Bundesstaaten der Welt – in der Schweiz etwa oder in den Vereinigten Staaten – hätte zum Tragen kommen können. Möglich wurde es bei der Gründung des Bundeslandes Baden-Württemberg allein durch die Anwendung der von der deutschen Staatsrechtslehre während der Weimarer Jahre entwickelten »Theorie des labilen Bundesstaats«, der zu folge Bundesglieder jederzeit auch zur Disposition des Reichs- bzw. Bundesgesetzgebers stehen und sich mithin weder auf eine rechtliche Verbürgung ihrer Grenzen noch überhaupt ihrer Existenz berufen können.

Jahre des Aufbaus und des Zusammenwachsens (1952–1960)

Die Wahl eines Ministerpräsidenten stand als einziger Punkt auf der Tagesordnung der denkwürdigen Sitzung, zu der die Verfassunggebende Landesversammlung des neuen Südweststaats am 25. April 1952 im provisorischen Landtagsgebäude in der Stuttgarter Heusteigstraße zusammentrat. Aus dieser Wahl, die noch in ruhigen Bahnen verlief, ging Reinhold Maier, Mitglied der FDP / DVP und schon seit 1945 Ministerpräsident von Württemberg-Baden, als Sieger hervor. Für ihn waren aus seiner eigenen 23-köpfigen Fraktion und denen von SPD und GB / BHE, die 38 bzw. sechs Mitglieder zählten, insgesamt 64 Stimmen abgegeben worden. Maiers Gegenkandidat von der CDU, Gebhard Müller, noch amtierender Staatspräsident von Württemberg-Hohenzollern, hatte demgegenüber nur 50, aber damit alle Stimmen seiner Fraktion erhalten. Das Protokoll vermerkte noch sechs Enthaltungen, offenkundig die der vier KPD-Vertreter und zweier Abgeordneter aus dem Regierungslager. So war nicht – wie allseits erwartet – der CDU als stärkster politischer Kraft die Führungsfunktion im neuen Südweststaat zugefallen, sondern der FDP / DVP als ihrer kleineren Konkurrentin im bürgerlichen Lager.

Zum Eklat geriet die Sitzung freilich, als der gerade gekürte Ministerpräsident nicht nur die Annahme der Wahl erklärte, sondern im Anschluss auch gleich die Minister seines Kabinetts berief und ihnen die Ernennungsurkunden aushändigte. Der Aufruf der Namen wurde lautstark übertönt von heftigem Protest und zahllosen Zwischenrufen aus der CDU-Fraktion, die sich nun in ihrer Hoffnung, noch an der Regierung beteiligt zu werden, endgültig getrogen und auf die Bänke der Opposition versetzt sah. Maier kam dennoch zu Ende; er schloss mit der Feststellung, dass gemäß den Bestimmungen des Zweiten Neugliederungsgesetzes mit der Regierungsbildung der Zusammenschluss der drei Nachkriegsländer zum Südweststaat vollzogen sei. In einem Akt bewusster Stilisierung des Augenblicks zum historischen Ereignis zückte er seine Taschenuhr und bestimmte mit unüberhörbar schwäbischem Tonfall die Geburtsstunde des Landes auf Freitag, den 25. April 1952, 12 Uhr und 30 Minuten.

Die CDU erhob in der anschließenden Debatte Einspruch gegen die Regierungsbildung. Beanstandet wurde, dass die Ministerernennungen nicht auf der Tagesordnung gestanden hatten, dass Maier die Ernennungsurkunden noch vor seiner eigenen Wahl unterzeichnet hatte und schließlich auch, dass der Regierung eine verfassungsrechtliche Basis für jegliches Wirken fehle. Der Fraktionsvorsitzende der CDU, Franz Gurk aus Nordbaden, erblickte in diesen Rechtsmängeln sogar eine Handhabe, um beim Bundeskanzler eine Bundesexekution gegen die neue Regierung zu erwirken. Der zuständige Bundesratsminister Hellwege kam indes schon am 3. Mai 1952 zu dem Ergebnis, dass die von Reinhold Maier vorgenommene Regierungsbildung »rechtlich einwandfrei« sei. Einem Rechtsstreit wurde im übrigen bald auch dadurch die Basis entzogen, dass die Regierung mit der Formulierung eines Überleitungsgesetzes, das am 15. Mai verabschiedet wurde und zwei Tage später in Kraft trat, eine klare gesetzliche Grundlage für die Arbeit von Volksvertretung und Regierung schuf. Bis zum Inkrafttreten der Verfassung bildete dieses *Überleitungsgesetz* das Organisationsstatut des neuen Landes, in dem alle wesentliche Fragen geregelt waren: Die drei Nachkriegsländer wurden formal und endgültig aufgehoben, ihre Ministerien und die Verwaltung des Landesbezirks (Nord-)Baden in Regierungspräsidien als Mittelinstanzen mit Sitz in Stuttgart, Freiburg, Tübingen und Karlsruhe umgebildet. Die Verfassunggebende Landesversammlung erhielt die Kompetenzen eines Landtags, die vorläufige Landesregierung sämtliche Zuständigkeiten der bis dahin existierenden drei Länderexekutiven. Auch die Namensfrage wurde im Überleitungsgesetz – wie sich zeigen sollte – schon richtungsweisend entschieden: das neue Land führte gemäß Artikel 1 des Gesetzes den Namen *Baden-Württemberg*. Obwohl später auch andere – zumeist historisierende – Bezeichnungen wie *Schwaben* oder *Alemannien* in die Diskussion eingeführt wurden, und der Verfassungsausschuss mehrheitlich für den auf den Geographen Friedrich Metz zurückgehenden Begriff *Rheinschwaben* votierte, blieb es dabei: Im Herbst 1953 entschied sich das Plenum der Verfassunggebenden Landesversammlung in zwei Abstimmungen jeweils mit deutlicher Mehrheit für den Namen *Baden-Württemberg*.

Gegen den Strom: Die erste Landesregierung unter Reinhold Maier (1952/53)

Die erste Regierungsbildung in Baden-Württemberg als Koalition von SPD, FDP/DVP und GB/BHE verfiel bei den Zeitgenossen wie auch in der Nachwelt zumeist einer vernichtenden Kritik. Dass Gebhard Müller und die katholischen Bischöfe den vollständigen Ausschluss des politischen Katholizismus von Regierungsverantwortung – seit 1918 den ersten und einzigen im gesamten Südwesten – in höchstem Maße bedauerten und noch lange grollten, war dabei nicht sonderlich überraschend. Viel schwerer wog, dass in der ganz überwiegend negativ wertenden Presse von einer »zweiten Vergewaltigung Badens« die Rede war, dass der Bundesverband der FDP mit Rücksicht auf die Bonner Koalition und sogar Bundespräsident Theodor Heuss – immerhin ein langjähriger politischer Weggefährte Reinhold Maiers – harsch abweisend reagierten, dass schließlich auch die mächtige Wirtschaft des mittleren Neckarraums der FDP den Rücken kehrte und mit dem Entzug von Parteispenden drohte. Dieses überwiegend negative zeitgenössische Echo hat die nachfolgende Publizistik und Geschichtsschreibung in hohem Maße beeinflusst und dafür gesorgt, dass Maiers Regierungsbildung im April 1952 mehrheitlich als schwerer politischer Fehler betrachtet worden ist. Dabei wurde meist übersehen, dass Maiers Affront gegenüber der CDU deren in der Südweststaatfrage tief aufgerissene innere Wunden im Bewusstsein gemeinsam erlittener Unbill rascher heilen ließ, ihren inneren Zusammenhalt und damit auch den des Landes eher beförderte. Auch der Verfassungskompromiss, wie er schließlich im Herbst 1953 zustande kommen sollte, wäre in dieser Form wohl nicht möglich gewesen, hätte die CDU ihre kulturpolitischen Forderungen aus der Regierungsverantwortung heraus vertreten und so wohl auch durchsetzen können.

In diesen kulturpolitischen Forderungen, die sich insbesondere auf die allgemeine Wiederherstellung eines konfessionell organisierten Volksschulwesens bezogen, lag denn auch der Hauptgrund für Reinhold Maier, die CDU von politischer Mitsprache in der Regierung auszuschließen. Als strikter Gegner jeglicher Rekonfessionalisierung strebte er an, die Simultanschule nach badischem Vorbild auf ganz Baden-Württemberg auszudehnen und den Einfluss der Kirchen – insbesondere der katholischen – überhaupt nachhaltig zu begrenzen. Im Übrigen dürfte ihn auch die reibungslose Zusammenarbeit mit den doch recht umgänglich agierenden Sozialdemokraten während der letzten 15 Monate der Existenz des Landes Württemberg-Baden bewogen haben, dieses nur um den GB/BHE ergänzte Koalitionsmodell, das ein bequemeres Regieren als mit der CDU verhieß, fortzusetzen. Bundespolitische Erwägungen, wie sie in der zeitgenössisch kolportierten Formel von der *Koalition Haußmann – Schumacher* zum Ausdruck kamen, haben demgegenüber keine Rolle gespielt, als Maier das Angebot Gebhard Müllers, bei einer Mitwirkung der CDU in der Regierung selbst auf das Amt des Ministerpräsidenten und sogar jedes Ministeramt zu verzichten, brüsk und in persönlich verletzender Form zurückwies. Zwar hatten sich Wolfgang Haußmann, der Landesvorsitzende der FDP/DVP in Württemberg-Baden, und Kurt Schumacher, der Bundesvorsitzende der SPD, noch kurz vor der Stuttgarter Koalitionsentscheidung persönlich getroffen; die gemeinsame Gegnerschaft gegen Adenauers Politik der Westbindung in ein Aktionsbündnis münden zu lassen, war dabei aber nicht verabredet worden. So war die Bildung der ersten Landesregierung im neuen Südweststaat in Form einer erweiterten sozialliberalen Koalition, auch wenn sie bundesweit große Aufmerksamkeit erregte, und manche – wie der Herausgeber des SPIEGEL Rudolf Augstein – darin sogar ein Alternativmodell für Bonn erkennen wollten, doch fast ausschließlich landespolitisch motiviert. Konsequent war Maiers Entscheidung für ein solches Regierungsbündnis, das innerhalb der SPD in Viktor Renner, dem Innenminister von Württemberg-Hohenzollern und ersten Justizminister von Baden-Württemberg seinen eifrigsten Befürworter fand, insofern, als FDP und SPD in allen damit befassten Entscheidungsgremien zuvor in großer Geschlossenheit für den Südweststaat votiert hatten. Als Bündnis des protestantischen liberalen Bürgertums in (Alt-)Württemberg mit einer eher pragmatischen und weniger ideologisch ausgerichteten Sozialdemokratie (nord-)badischen Zuschnitts besaß die erste Regierung des Südweststaats freilich ein schmales – letztlich vielleicht auch *zu* schmales – gesellschaftliches Fundament.

Dass man sich dessen in Regierungskreisen durchaus bewusst war, bewies die enorme Aktivität, die das Kabinett von Beginn an entwickelte, um das Vertrauen der Bevölkerung vor allem in den südlichen Landesteilen zu gewinnen. Von Mai 1952 bis Juni 1953 unternahm die Landesregierung – fast immer unter Führung des Ministerpräsidenten und vollzählig – nicht weniger als neun sogenannte Orientierungsreisen, die mit nur einer Ausnahme allesamt in eher strukturschwache Gebiete und Städte der Regierungsbezirke Freiburg und Tübingen führten. In einer Zeit noch ohne

Fernsehberichterstattung war dies der – anscheinend auch weitgehend geglückte – Versuch, um Verständnis auch beim katholischen Publikum zu werben und dort womöglich vorhandene Vorurteile durch persönliche Präsenz abzubauen. Ein besonderes Zeichen der Versöhnung und Akzeptanz durfte Reinhold Maier darin erblicken, dass der Freiburger Erzbischof Wendelin Rauch – bis zur Volksabstimmung über den Südweststaat eine der wichtigsten Stützen Leo Wohlebs im Kampf für die Wiederherstellung der alten Länder – im Oktober 1952 zur Einführung von Paul Waeldin in das Amt des ersten Regierungspräsidenten von Südbaden persönlich erschien und zur Rechten des Ministerpräsidenten Platz nahm – und dies, obwohl der frischgebackene Spitzenbeamte als Mitglied der FDP und Protestant weder die politische Mehrheit noch das juste milieu in Freiburg und überhaupt im südlichen Baden verkörperte.

In erster Linie dienten die Lokaltermine freilich dem Studium der jeweiligen Wirtschafts- und Verkehrsprobleme; sie bildeten dergestalt den Ausgangspunkt für ein ehrgeiziges Wiederaufbau- und Infrastrukturprogramm der Regierung. Gegründet auf einschlägige Erfahrungen als letzter württembergischer Wirtschaftsminister der Weimarer Zeit, setzte sich insbesondere der Ministerpräsident selbst nachdrücklich für einen zügigen Ausbau der Verkehrswege als wichtiger Voraussetzung für eine rasche und gleichmäßige wirtschaftliche Entwicklung des Landes ein. Besondere Aufmerksamkeit genoss dabei zunächst die Rheintalstrecke sowohl im Straßen- wie auch im Schienenverkehr. Schon im Mai 1952 wurden die Arbeiten an der Fortsetzung der Rheintalautobahn, die damals noch in Karlsruhe-Rüppurr endete, aufgenommen. Bis zur Schweizer Grenze durchgehend befahrbar war die Gesamtstrecke freilich erst im Sommer 1963. Ebenfalls noch im Jahr 1952 begann man mit der Elektrifizierung der Bahnstrecke zwischen Basel und Karlsruhe, für die von der Schweiz ein Kredit von 140 Millionen Franken zur Verfügung gestellt wurde. Die Elektrifizierung der Hauptstrecken im Dreieck zwischen Stuttgart, Karlsruhe und

Mannheim / Heidelberg erfolgte demgegenüber unter erheblichem Einsatz von Mitteln des Landes; sie war in ihren wesentlichen Teilen 1958 abgeschlossen. Ein altes Lieblingsprojekt württembergischer Regierungen war der Neckarkanal und dessen weiterer Ausbau. Bis 1958 konnten alle Staustufen der schon 1935 eingeweihten Strecke bis Heilbronn mit einer zweiten Schleusenkammer ausgestattet und der Kanal bis Stuttgart verlängert werden. Zehn Jahre später war mit Plochingen dann der Endpunkt der Neckarschifffahrt erreicht. Gingen die Arbeiten am Neckarkanal unter den bewährten Leitung von Otto Konz dergestalt zügig voran, kam der als Äquivalent für Baden immer wieder geforderte und von mehreren Landesregierungen auch versprochene Ausbau des Hochrheins bis zum Bodensee schon wegen der ungeklärten Finanzierungsfragen und Kompetenzabgrenzungen sowohl zwischen Bund und Land als auch zwischen den drei beteiligten Staaten Bundesrepublik, Schweiz und Österreich nicht vom Fleck. Er sollte die Landespolitik deshalb noch viele Jahre beschäftigen. Auch dem Stuttgarter Flughafen wurde die Aufmerksamkeit schon der ersten Landesregierung zuteil. Er erhielt, nachdem man 1951 bereits die Startbahn verlängert hatte, noch 1952 eine Anflugbefeuerung und 1954 einen eigenen Autobahnanschluss.

Das Ziel, den Zusammenhalt des Landes zu befördern und seine Integration zu beschleunigen, beherrschte auch die Organisations- und Personalpolitik der ersten Landesregierung. Mit Nachdruck wurde der Aufbau der Regierungspräsidien als Mittelinstanzen betrieben; bei Stellenbesetzungen achtete man streng darauf, eine möglichst starke Durchmischung von württembergischen und badischen Bewerbern zu erzielen.

Entwickelte die erste Landesregierung in ihren eigentlichen administrativen Aufgaben dergestalt eine beachtliche Aktivität, übte sie bei der Arbeit an der Verfassung für das neue Land korrekterweise ostentative Zurückhaltung. Reinhold Maier war immer der Meinung gewesen, dass die Formulierung von Verfassungsbestimmungen nicht in das Aufgabenfeld der Exekutive gehöre. Daher äußerte er sich auch nur ein einziges Mal – in seiner Regierungserklärung am 27. Mai 1952 – zur Verfassung, indem er vor dem Landtag die Erwartung äußerte, dass die Simultanschule im gesamten Land eingeführt werde. Es stand freilich von Beginn an nicht zu erwarten, dass man in Südwürttemberg-Hohenzollern ohne weiteres geneigt sein werde, dem Prinzip des Elternrechts zu entsagen und die Gliederung des Volksschulwesens wie die Ausbildung von Volksschullehrern nach Konfessionen preiszugeben.

Der Verfassungsausschuss nahm seine Arbeit im April 1952 auf. Den Vorsitz führte anfangs Gebhard Müller, seit Juli 1952 sein Fraktionskollege und Landsmann aus Südwürttemberg-Hohenzollern Franz Gog; Stellvertreter war der einflussreiche Fraktionsvorsitzende der SPD, Alex Möller aus Karlsruhe. Mitte Juni legten die Regierungsfraktionen einen gemeinsamen Verfassungsentwurf vor, Ende Juli die CDU-Fraktion den ihren. Beide Vorlagen unterschieden sich in vielen Punkten von grundsätzlicher Bedeutung. Sah der Entwurf der Regierungsparteien vor, die christliche Gemeinschaftsschule als einzige Form der Volksschule in ganz Baden-Württemberg einzuführen, erstrebte die CDU mit ihrem Entwurf, die Bekenntnisschulen zumindest in Südwürttemberg-Hohenzollern zu erhalten. Dieser Dissens in der Schulfrage wiederholte sich bei der Frage der Lehrerbildung. Während die Mehrheit der Abgeordneten eine Ausbildung der Volksschullehrer auf simultaner Grundlage wünschte, sollte sie den christdemokratischen Vorstellungen zufolge in wesentlichen Teilen konfessionsgebunden erfolgen. Als weitere Besonderheiten des CDU-Entwurfs, die von den Regierungsfraktionen strikt abgelehnt wurden, stachen die Institutionen eines vom Volk auf sechs Jahre direkt gewählten Staatspräsidenten und eines Senats aus Vertretern von Wissenschaft und Kunst, Kirchen, Kommunen, Wirtschaft und Gewerkschaften hervor. Außerdem verlangte die CDU, Gesetzesinitiativen auf dem Wege eines Volksbegehrens zuzulassen, die Verfassung einer Volksabstimmung zu unterwerfen und die Konstituante sofort nach Annahme der Verfassung aufzulösen und danach einen ersten Landtag zu wählen. Um die Gräben zwischen den Anhängern des Südweststaats und den »Altbadenern« in ihren Reihen zu überbrücken, schlug die CDU-Fraktion darüber hinaus noch vor, in der Verfassung die Möglichkeit zur Bildung von Selbstverwaltungskörperschaften nach Art von Landschaftsverbänden je für Baden und Württemberg-Hohenzollern vorzusehen. Wie aus dem Gesagten erhellt, hätte Baden-Württemberg unter den Bundesländern ein besonderes Verfassungsprofil und ein einzigartiges politisches System erhalten, wäre es nach dem Willen der CDU gegangen. Auch wenn es für die Institution des Senats ein (inzwischen abgeschafftes) Vorbild in Bayern und für die Organisation von Landschaftsverbänden ein solches in Nordrhein-Westfalen gab, waren doch viele der von der CDU-Fraktion vorgeschlagenen Regelungen einzigartig und wie bei der Institution des Staatspräsidenten in Teilen sogar geeignet, das in der Bundesrepublik geltende parlamentarische System aufzuheben.

Der Verfassungsausschuss beriet die Vorlagen bis Ende Mai 1953 in insgesamt 45 nichtöffentlichen Sitzungen. Eine Annäherung zwischen beiden Entwürfen wurde jedoch nur bei nachrangigen Problemen erreicht. In den Fragen von prinzipieller Bedeutung – darunter vor allem der leidigen Schulfrage – konnte im Ausschuss kein Einvernehmen hergestellt werden. So stand man im Juni 1953 vor der Frage, ob die Verfassung gemäß dem Wunsch der FDP / DVP mit der einfachen Mehrheit der Regierungskoalition verabschiedet werden oder noch ein letzter Versuch der Konsensfindung unternommen werden sollte. Es war schließlich die SPD (und hier namentlich Alex Möller), die mit einer scharfen Wendung ihrer Politik die Konfrontation auflöste und den Weg zu einem Verfassungskompromiss eröffnete. Dem vorausgegangen war freilich ein Konflikt innerhalb der Regierungskoalition selbst auf einem ganz anderen Felde: dem der Bonner Außen- und Sicherheitspolitik.

Villa Reitzenstein, Sitz des Staatsministeriums

Reinhold Maier war ein geschworener Gegner des Deutschland- und des EVG-Vertrages, die im Mai 1952 in Paris unterzeichnet wurden, fürchtete er doch von der Westbindung der Bundesrepublik und der Gründung einer Europäischen Verteidigungsgemeinschaft die Zementierung der Teilung Deutschlands. Überdies hielt er die EVG ohnedies für totgeboren, weil er an die Zustimmung Frankreichs zum Projekt einer integrierten europäischen Armee nicht glauben wollte – zu Recht, wie sich freilich erst 1954 bei der Ablehnung des Vertragswerks durch die französische Nationalversammlung herausstellen sollte. Vorerst ging es jedoch um die Zustimmung in Deutschland selbst. Zwar war zweifelhaft, ob die Verträge einer Billigung durch den Bundesrat überhaupt bedurften, doch bestand Bundespräsident Heuss auf einer solchen. Reinhold Maier, seit September 1952 Präsident des Bundesrats, lenkte deshalb am 15. Mai 1953 die Stimmen der dabei allein ausschlaggebenden Stimmen des jungen Südweststaats in das Lager der Bonner Regierungskoalition. Der enorme Druck des Staatsoberhaupts und vor allem seitens der Bundestagsfraktion und des Bundesverbandes der FDP hatten bewirkt, dass der Stuttgarter Ministerpräsident nach langem – auch juristischem – Finassieren gegen die eigene Überzeugung die Verträge letztlich passieren ließ, wobei er sich auf seine Richtlinienkompetenz als Regierungschef berief. Dass er damit seine Stuttgarter Koalition gefährdete, weil eine förmliche Abstimmung im Landeskabinett zuvor eine Mehrheit von fünf zu vier Stimmen gegen die Verträge erbracht hatte, war unausweichlich. Justizminister Renner, der eigentliche Architekt der Koalition auf sozialdemokratischer Seite, erklärte denn auch sofort seinen Rücktritt vom Amt und offenbarte damit vor aller Augen, dass die erste Regierung des Südweststaats nur ein Jahr nach ihrer Bildung in eine Krise eingetreten war, die ihre Fortführung ernsthaft bedrohte.

Bei einem informellen Treffen mit den Sozialdemokraten am Abend des 20. Mai 1953 in der Villa Reitzenstein, dem Amtssitz des Ministerpräsidenten, versuchte Reinhold Maier zwar noch, den Koalitionsbruch abzuwenden, indem er den SPD-Vertretern eindringlich vor Augen führte, dass die CDU – erst einmal zur Regierung gelangt – »100 Jahre bleiben werde«, doch spürten alle Teilnehmer des Gesprächs an dessen spätem Ende, dass die Weichen auf Trennung standen, das emotionale Band zwischen den Parteien gerissen war. Dass die Koalition nicht sofort platzte, geschah aus Rücksicht auf die im September des Jahres anstehende zweite Bundestagswahl. Gebhard Müller nutzte jedoch die Gunst der Stunde, um Alex Möller zu einer geheimen Unterredung einzuladen, die am Abend des 2. Juli 1953 im Ludwigsburger »Ratskeller« stattfand. Während des über vierstündigen Gesprächs erzielten die Führungsfiguren der beiden großen Parteien, deren vertrauensvolle Zusammenarbeit hier beginnen und sich während der nächsten fünf Jahre geradezu zur Achse der Landespolitik entwickeln sollte, Einvernehmen sowohl über die Grundzüge der Verfassung als auch über die Zusammensetzung der nächsten Landesregierung, an deren Spitze nun selbstverständlich Gebhard Müller treten sollte. Die Gründe für die koalitionspolitische Neuorientierung der SPD waren vielfältiger Natur. Menschliche Enttäuschung über Reinhold Maier vermischte sich mit der schmerzlichen Einsicht, dass die vor allem von der Bonner SPD-Führung gehegten bundespolitischen Erwartungen getrogen hatten. Dazu kam die – freilich erst spät gereifte – Erkenntnis, dass die Verfassung einer breiteren Fundierung bedürfe, als sie die Kleine Koalition zu bieten hatte. Erleichtert wurden derlei Einsichten gewiss auch dadurch, dass die CDU in fast allen Punkten nachzugeben bereit war.

Unmittelbar nach der Bundestagswahl vom 6. September 1953, in der die CDU mit dem Gewinn der absoluten Mehrheit der im Südweststaat abgegebenen Stimmen ihre Rolle als stärkste politische Kraft in Baden-Württemberg eindrucksvoll unter Beweis stellte, wurden die von Gebhard Müller und Alex Müller getroffenen Verabredungen in die Tat umgesetzt. Die Verhandlungen über die Bildung einer neuen Landesregierung und einen Kompromiss in den strittigen Verfassungsfragen verliefen während der nächsten Wochen parallel und in engster gegenseitiger Verknüpfung. Was die Verfassung anlangte, erzielte man den entscheidenden Durchbruch am 21. September. Zwar konnte die CDU dabei erreichen, dass indirekt eine formelle Anerkennung des Reichskonkordats ausgesprochen wurde und die Konfessionsschule in Südwürttemberg-Hohenzollern erhalten blieb, fast alle weiteren Forderungen gab sie jedoch auf. In den wichtigsten staatspolitischen Fragen – vor allem, was die Anerkennung des parlamentarischen Prinzips betraf – setzten sich somit die Parteien der alten Regierungskoalition durch. Der Verfassungskompromiss wurde daher von vielen einflussreichen Mitgliedern der CDU, von der katholischen Kirche und auch in der Presse bald lebhaft kritisiert. Dass er dennoch zustande kam, war allein der Autorität Gebhard Müllers zu danken. Was die Regierungsbildung betraf, so hatten die beiden Führungspersönlichkeiten im Ludwigsburger »Ratskeller« ursprünglich eine Koalition aus CDU und SPD verabredet, wie es den politischen Vorstellungen insbesondere Gebhard Müllers auch entsprach. Bundes- wie landespolitisches Kalkül beider großer Volksparteien und insonderheit auch eine eindringliche Intervention des Bundeskanzlers, der sich eine breite und sichere Mehrheit im Bundesrat verschaffen wollte, sorgten dann jedoch dafür, dass auch die FDP / DVP und der GB / BHE an der künftigen Regierung beteiligt wurden, die damit – sieht man von der winzigen Gruppe der einstweilen noch verbleibenden vier KPD-Abgeordneten ab – die Form eines Allparteienkabinetts annahm. Ministerpräsident Reinhold Maier trat am 30. September 1953 zurück. Noch am gleichen Tag wurde Gebhard Müller mit großer Mehrheit zu seinem Nachfolger gewählt. Das Wagnis, gegen den mainstream in Bonn wie im Land zu regieren, war gescheitert.

Politik der Harmonie: Das Allparteienkabinett in der ersten Legislaturperiode (1953–1956)

Das neue Allparteienkabinett, das am 7. Oktober 1953 vereidigt wurde, zählte insgesamt zwölf Mitglieder, darunter zwei ehrenamtliche Staatsräte mit Sitz und Stimme aus den badischen Landesteilen, um der CDU ihrem Gewicht gemäß die Hälfte der Stimmen im Ministerrat zu sichern. Drei Minister der SPD, zwei der FDP / DVP und einer des GB / BHE bildeten zusammen die andere Hälfte. Die Gewichte in der Regierung waren dergestalt zwischen den Parteien, aber auch nach konfessionellen und regionalen Gesichtspunkten sorgsam austariert. Durch die Berücksichtigung des Proporzes in jeder nur erdenklichen Hinsicht war das Kabinett insgesamt stark aufgebläht. Das rief sofort Kritik hervor und blieb noch lange Zeit

Stein des Anstoßes. Aber gerade die CDU als dominierende Regierungspartei tat sich außerordentlich schwer, dem regionalen Proporzdenken zu entsagen, zumal sie bis 1971 in vier Landesbezirke zersplittert blieb. Traditionsbildend sollte die Berufung der beiden Christdemokraten Wilhelm Simpfendörfer zum Kult- (erst seit 1954 Kultus-)minister und Eugen Leibfried zum Landwirtschaftsminister wirken, denn für lange Jahrzehnte blieb das Kultusministerium Persönlichkeiten evangelischer Konfession vorbehalten, derweil sich das Landwirtschaftsministerium zu einem Erbhof der nordbadischen CDU entwickelte.

Die neue Allparteienregierung war von Beginn an und dauerhaft bemüht, ihre Arbeit am Prinzip strenger Sachlichkeit auszurichten. So herrschte im Ministerrat eine nüchtern-geschäftsmäßige Atmosphäre, verhielten sich die Minister so, als seien sie Beamte. Ministerpräsident Gebhard Müller – erfüllt von steter Sorge um den Zusammenhalt des Landes, die Schaffung stabiler innerer Strukturen und die Sicherung einer soliden und angemessenen finanziellen Basis – verkörperte diesen Stil wie kein zweiter. Wie stark gerade er ihn verinnerlicht hatte, zeigte sich etwa daran, dass er nach dem krankheitsbedingten Ausscheiden von Kultusminister Simpfendörfer im Sommer 1958 die Namen potentieller Nachfolger zuerst im Kabinett präsentierte und daran die Vorstellung knüpfte, die Fraktionen (einschließlich seiner eigenen) seien von jeder Mitwirkung bei der Bestellung eines neuen Ministers auszuschließen. Indem er dergestalt dem Prinzip der Kooptation den Vorzug gab, stellte er die parteiübergreifende Harmonie im Kabinett über die Gesetze, denen Politik sonst für gewöhnlich gehorcht. Konflikte gab es natürlich auch im Allparteienkabinett dennoch. Standen die Sozialdemokraten allein gegen die bürgerliche Mehrheit, wurden sie auf dem Wege des Mehrheitsentscheids gelöst. Ergab sich ein Patt zwischen der CDU und den übrigen Parteien, wie es häufig in Fragen der Kulturpolitik und der Verwaltungsreform geschah, wurde die Lösung meist vertagt. In dem dadurch bewirkten gelegentlichen Attentismus bestand der Preis, der für den Vorzug einer breiten politischen Basis mit der entsprechenden Durchsetzungsfähigkeit bezahlt werden musste.

Am gleichen Tag, an dem die neue Landesregierung ihre Arbeit aufnahm, brachten die vier Fraktionen, die sie trugen, einen gemeinsamen Verfassungsentwurf in der Konstituante ein, der auf dem zwischen Gebhard Müller und Alex Möller gefundenen Kompromiss beruhte. Endgültig verabschiedet wurde das Verfassungswerk schließlich am 11. November 1953 mit der überwältigenden Mehrheit von 102 gegen 5 Stimmen bei 7 Enthaltungen. Am 19. November trat es mit einem feierlichen Staatsakt in Kraft. Mit Stolz vermerkte Landtagspräsident Neinhaus dabei, dass mit der Verfassung von Baden-Württemberg erstmals nach dem Zweiten Weltkrieg in Deutschland eine Konstitution erarbeitet worden war, auf deren Bestimmungen die Besatzungsmächte keinerlei Einfluss genommen hatten. Gemäß Artikel 93 der Verfassung übernahm die Verfassunggebende Landesversammlung an eben diesem 19. November beschränkt auf die Zeit bis zum 31. März 1956 die Funktion des ersten Landtags. Gleichzeitig wurde die amtierende Landesregierung in ihrem Amt formal bestätigt. Das Land Baden-Württemberg war mit diesen Rechtsakten endgültig konstituiert.

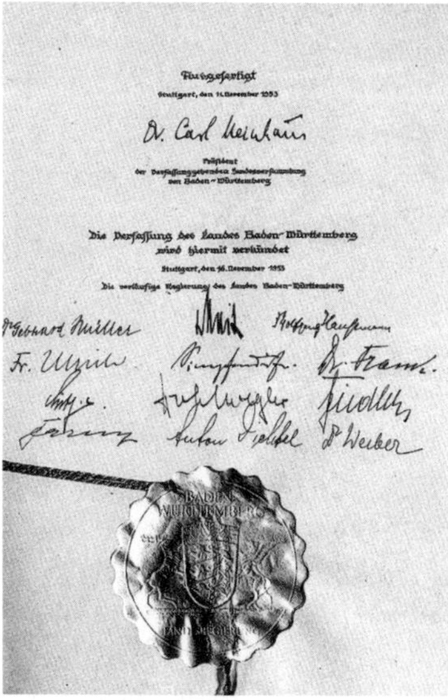

Verfassungsurkunde von 1953

Noch lagen freilich gewaltige Aufgaben auf dem Gebiet der Rechtsvereinheitlichung und Konstituierung von Landesrecht vor Regierung und Landtag. Die sogenannten *Aufbaugesetze* bildeten in den nachfolgenden Jahren denn auch den Kern der Tätigkeit der Allparteienkoalition. Dabei versuchte man, sowohl badischen wie württembergischen Traditionen gerecht zu werden und – wo diese unvereinbar waren – akzeptable Kompromisslösungen zu finden. Von einer kompetenten Beamtenelite vorwiegend des sozialdemokratisch geführten Innenministeriums erarbeitet, bildeten die Aufbaugesetze zusammen mit der Verfassung das unverzichtbare Regelwerk, ohne das der junge Südweststaat keine stabile Struktur hätte gewinnen können.

Wichtig waren zunächst die Landkreisordnung und das Landesverwaltungsgesetz, die kurz nacheinander am 10. Oktober und am 7. November 1955 verkündet wurden. Die Landkreisordnung regelte Rechtsstellung und Organisation der Kreise sowie die Aufgaben und Zuständigkeiten der Landratsämter, die als Einheitsbehörden staatliche und kommunale Kompetenzen vereinigten. Bei der Bestellung der Landräte verzichtete man darauf, das früher in Baden wie in Württemberg geübte Verfahren der staatlichen Ernennung wiederaufzunehmen. Stattdessen übernahm man die von den Amerikanern durchgesetzte Praxis des Landes Württemberg-Baden, Landräte durch die Kreistage wählen zulassen, nicht ohne freilich dem Innenministerium eine Mitsprache bei der Kandidatenauswahl einzuräumen. Im Landesverwaltungsgesetz wurden die Zuständigkeiten zwischen Regierung, Regierungspräsidien, Landkreisen und Gemeinden abgegrenzt. Außerdem regelte es die Stellung von Oberfinanzdirektionen, Oberschulämtern und Forstdirektionen als den Oberen Sonderbehörden wie auch die der weiteren Sonderbehörden auf Kreisebene. Schließlich legte es die Regeln für Fachaufsicht und Verwaltungsbeschwerde fest.

Mit der Gemeindeordnung, die zum 1. April 1956 in Kraft trat, wurden die bis dahin noch recht unterschiedlichen Rechtsverhältnisse der Gemeinden im gesamten Land vereinheitlicht. Dabei übernahm man aus der württembergischen Tradition für die Wahl des Gemeinderats nicht nur die Besonderheit des Kumulierens und Panaschierens, für die sich sehr viel später auch fast alle anderen Bundesländer entscheiden sollten, sondern auch das rollierende System, demzufolge jeweils die Hälfte des Gemeinderats im Abstand von drei Jahren gewählt wurde. Erst seit 1975 wird auch in Baden-Württemberg der gesamte Gemeinderat an einem Termin und zwar auf fünf Jahre gewählt. Ein weiteres Charakteristikum der baden-württembergischen Kommunalverfassung bildet bis heute die starke Stellung der Bürgermeister und Oberbürgermeister, die vom Volk direkt gewählt (anfangs auf sechs, bei Wiederwahl auf zwölf, seit 1975 einheitlich auf acht Jahre), nicht nur Chefs der monokratisch strukturierten Gemeindeverwaltung und Vertreter der Gemeinde nach außen sind, sondern gleichzeitig auch den stimmberechtigten Vorsitz im Gemeinderat führen. Damit erlangten die Bürgermeister südwestdeutscher Gemeinden eine Machtfülle wie sonst nirgendwo in Deutschland. Dies im Verbund mit der Aussicht auf eine fast sichere Wiederwahl machte das Amt für Bewerber jeglicher Qualifizierungsstufe äußerst attraktiv. Erst seit in jüngster Zeit die Wahlbürger nicht mehr zögern, auch altgediente und bewährte Bürgermeister einfach abzuwählen, ist hier eine gewisse Verunsicherung aufgekommen, die den einen oder anderen Kandidaten abschrecken mag. Ein besonderes Profil gewann die baden-württembergische Gemeindeordnung schließlich noch dadurch, dass sie mit der Zulassung von Bürgerbegehren und Bürgerentscheiden auch plebiszitäre Entscheidungswege eröffnete. Auch bei diesen Charakteristika sind andere Bundesländer später dem baden-württembergischen Beispiel gefolgt.

Für die gesamte Bundesrepublik stilbildend wurde auch das Finanzausgleichsgesetz vom 26. Juli 1954, durch das ein Steuerverbund zwischen Land und Kommunen begründet und die Finanzierung von Gemeinschaftsaufgaben in den Bereichen Schulwesen,

Polizei und Straßenbau geregelt wurde. Darüber hinaus enthielt das Gesetz Bestimmungen zum Ausgleich von Unterschieden in der Finanzausstattung der Gemeinden. Zugunsten der besonders finanzschwachen Gemeinden wurde 1958 zusätzlich eine Sockelgarantie eingeführt. Mit den Leistungen aus dem Steuerverbund, die sich bereits bis 1960 zu der stattlichen Summe von 1,9 Milliarden DM addierten und überdies durch vielfältige freiwillige Leistungen des Landes an die Gemeinden ergänzt wurden, lieferte Baden-Württemberg das Vorbild für eine Mischfinanzierung in gewaltigem Ausmaß, wie sie seit den Zeiten der Bonner Großen Koalition in den späten sechziger Jahren für die Bundesrepublik überhaupt charakteristisch ist. Zwar ist eine solche Finanzverfassung geeignet, lokale und regionale Unterschiede in der Steuerkraft auszugleichen und eine gewisse Gleichmäßigkeit der Lebensverhältnisse zu gewährleisten, sie führt über die Lenkungsfunktion der jeweils übergeordneten politischen Einheiten nach dem Prinzip des »goldenen Zügels« jedoch auch zu einer gewissen »Angebotsdiktatur« gegenüber den nachgeordneten Einheiten und dadurch nicht selten auch zu einer Verschwendung öffentlicher Mittel. Dass diese Form der Mischfinanzierung gerade in Baden-Württemberg so früh und so umfassend eingeführt wurde, lag wohl hauptsächlich im Bestreben der Landespolitiker begründet, die Identifikation mit dem neuen Südweststaat gerade im Kreis der politisch wie gesellschaftlich so ungemein wichtigen kommunalen Eliten zu verstärken.

Als weitere wichtige Aufbaugesetze aus der ersten Legislaturperiode sind das Gesetz über den Staatsgerichtshof, dem die Prüfung der Verfassungsmäßigkeit von Landesgesetzen und der Entscheid in Streitigkeiten zwischen Landesorganen übertragen wurden, und das Polizeigesetz zu nennen, in dem den Gemeinden über 75000 Einwohnern das Recht eingeräumt wurde, eine kommunale Polizei zu unterhalten. Gebrauch machten davon allerdings nur die Städte Stuttgart und Mannheim, deren Oberbürgermeister Klett und Heimerich nachdrücklich für die entsprechende Bestimmung eingetreten waren, und darüber hinaus noch Karlsruhe und Pforzheim. Aus Kostengründen entledigten sich diese vier Kommunen jedoch später des ihnen anfangs so wichtigen Statussymbols – zuletzt Stuttgart im Jahr 1973.

Nach langen Verhandlungen zwischen den Koalitionspartnern wurde im Mai 1955 auch das Gesetz über die Landtagswahlen verkündet. Darin ist das Prinzip der Verhältniswahl zwar durchgängig gewahrt worden, doch enthält es auch kräftig ausgeprägte Elemente der Persönlichkeitswahl. Denn nicht weniger als 70 der mindestens 120 Abgeordneten werden mit der jeweils relativen Stimmenmehrheit in Wahlkreisen direkt gewählt. Die Vergabe der übrigen Mandate erfolgt durch eine Zweitauszählung entsprechend den von den Parteien in den vier Regierungsbezirken – erst 1975 wurde das ganze Land zur Verrechnungsebene – jeweils errungenen Stimmanteilen. Diese über die Zweitauszählung gewählten Abgeordneten werden aus dem Kreis der nicht erfolgreichen Wahlkreisbewerber ermittelt, wobei bislang bei den einzelnen Parteien nicht die mit den *relativ* höchsten Stimmanteilen zum Zuge kamen, sondern jene mit den *absolut* meisten Stimmen. Bewerber in großen Wahlkreisen hatten daher von vorne herein bessere Chancen, gewählt zu werden, als solche in kleinen. Die personelle Zusammensetzung des Landtags blieb somit in starkem Maße abhängig vom Zuschnitt der Wahlkreise; und bei fast allen Landtagswahlen war der bevölkerungsreiche mittlere Neckarraum deshalb auch überrepräsentiert. 2009 wurde das Wahlrecht indessen dahingehend geändert, dass für die Reihenfolge bei der Zuteilung der Zweitmandate nicht mehr die absolute Zahl der Stimmen, sondern die jeweils errungenen Prozentanteile maßgeblich sind. Erlangt eine Partei mehr Direktmandate, als ihr nach dem Stimmanteil zustehen, behält sie diese. Die anderen Parteien erhalten in diesem Falle jedoch so viele Ausgleichsmandate, wie nötig sind, um den Grundsätzen der Verhältniswahl zu genügen. Die Gesamtzahl der Abgeordneten ist mithin starken Schwankungen unterworfen; sie überstieg wegen der zeitweise hegemonialen Vormacht der CDU bei den meisten Landtagswahlen die Sollstärke. Auf das zur Minderung der Überhang- und Ausgleichsmandate probate Mittel, die Wahlkreise auf 60 (also die Hälfte der zu wählenden Abgeordneten) zu reduzieren, hat man auch bei der 2009 erfolgten letzten Reform des Landtagswahlrechts verzichtet.

Besonders heikel waren auch und gerade unter den Vorzeichen der Allparteienkoalition– wie nach den erbitterten Auseinandersetzungen um den Südweststaat nicht anders zu erwarten – Entscheidungen über die Standorte von Landesbehörden und die regionale Strukturpolitik. Die drei Oberfinanzdirektionen in Stuttgart, Freiburg und Karlsruhe ließ man gegen den Willen der SPD, die eine Zweier-Lösung favorisiert hatte, bestehen. Das Autobahnamt, das nach einem Beschluss vom Dezember 1953 hatte nach Mannheim verlegt werden sollen, wurde ebenfalls am bestehenden Standort – Stuttgart – belassen. Zum Ausgleich erhielt Mannheim 1957 den Zuschlag für den Verwaltungsgerichtshof, der nach dem Willen Gebhard Müllers ursprünglich in Sigmaringen hatte angesiedelt werden sollen. Weitergehende Forderungen aus der Quadratestadt wurden jedoch nicht erfüllt. Besser erging es da der ehemaligen badischen Landeshauptstadt Karlsruhe. Nachdem schon die Vorgängerregierungen des Landes Württemberg-Baden maßgeblich dazu beigetragen hatten, dass die Stadt mit der Ansiedlung des Landesrechnungshofs sowie wichtiger Bundesinstitutionen wie des Bundesgerichtshofs (1950), des Bundesverfassungsgerichts (1951) und der Versorgungsanstalt des Bundes und der Länder (1951) einen Ausgleich für die verlorenen Hauptstadtfunktionen erhielt, machte sich die zweite Regierung des Südweststaats und namentlich Ministerpräsident Gebhard Müller seit Ende 1953 dafür stark, das Kernforschungszentrum als eine der wichtigsten Einrichtungen der Großforschung in der Bundesrepublik nach Karlsruhe zu ziehen. Nachdem auch erhebliche Landesmittel dazu beigetragen hatten, konnte der Forschungsreaktor 1963 mit voller Leistung seinen Betrieb aufnehmen. Eine weitere Aufwertung erfuhr Karlsruhe dadurch, dass hier im Oktober 1953 gleichzeitig mit dem Württembergischen Staatstheater in Stuttgart ein Badisches Staatstheater aus der Taufe gehoben wurde, das freilich bei der Höhe des Landeszuschusses hinter dem Pendant in der Landeshauptstadt stets zurückstehen musste. Mit Hilfe des Landes gelang es schließlich noch, seit 1959/60 auch große Ölraffinerien im Karlsruher Westen anzusiedeln.

Eine regionale Strukturpolitik mit dem Ziel eines Ausgleichs der erheblichen wirtschaftlichen Ungleichgewichte im Land war schon von der Regierung Maier eingeleitet worden. Die Allparteienregierung führte sie nun energisch fort. Dabei genossen Fördergebiete im badischen Landesteil zunächst absolute Priorität. Ausschließlich solche kamen bis 1956 in den Genuss der bereit gestellten Landesmittel. Unverkennbar war auch hier das Motiv, die Akzeptanz des jungen Südweststaats zu erhöhen, bestimmend. Bereits im ersten Jahr seiner Existenz gewährte das Land den südbadischen Städten Kehl, Freiburg, Breisach und Neuenburg erhebliche Hilfen zur Überwindung der Folgen von Krieg und Besatzung sowie zur Verbesserung ihrer Wirtschaftsstruktur. Und schon im zweiten Jahr lief die Hilfe für den Hotzenwald und den badischen Odenwald an. Erst 1955 beschloss die Regierung, die Regionalförderung auch auf Hohenlohe und damit auf vormals württembergisches Gebiet auszudehnen. Kleinere Fördergebiete sind danach noch auf dem Härtsfeld und in Südwürttemberg-Hohenzollern ausgewiesen worden. Fast alle Kreise und Gemeinden, denen damit Unterstützung aus der Landeskasse zuteil wurde, waren überwiegend agrarisch strukturiert. Nur im Falle von Schramberg, das von der Krise der Uhrenindustrie besonders hart getroffen wurde, kam während der fünfziger Jahre auch eine industriell geprägte Gemeinde in den Genuss einer Förderung durch das Land. Der langfristige Erfolg der regionalen Strukturpolitik blieb bis heute umstritten. In den meisten Fällen konnte der Abstand zu den Ballungsräumen bei

Großes Landeswappen

Wirtschaftsleistung und Steuerkraft dadurch nicht oder doch nur unwesentlich verringert werden. Freilich waren diese Abstände in Baden-Württemberg auch immer geringer als in anderen Bundesländern.

Doch nicht nur durch Wohltaten für einzelne – insbesondere badische – Regionen wurde in Stuttgart versucht, das Land im Innern zu begründen. Auch die Stiftung einer spezifischen Landesidentität ließ man sich schon gleich zu Beginn angelegen sein. Dies zeigte sich bereits bei der Wahl des Landeswappens, das nach Entwürfen des Hauptstaatsarchivs Stuttgart und des Staatsarchivs Sigmaringen durch Gesetz vom 3. Mai 1954 festgelegt wurde. Es wird als großes und kleines Landeswappen geführt. In der großen Variante halten der (württembergische) Hirsch und der (badische) Greif den Schild, der in seiner Krone neben dem badischen und dem württembergischen Wappen auch den fränkischen Rechen, den kurpfälzischen Löwen sowie die Farben Hohenzollerns und Vorderösterreichs trägt. Verweist dieses große Wappen somit auf die komplexe Territorialstruktur des deutschen Südwestens im Alten Reich, zeigt der Schild, der als kleines Landeswappen viel häufiger allein erscheint, drei schreitende schwarze Löwen mit roten Zungen auf goldenem Grund. Damit soll gemäß dem von der Politik bereitwillig aufgenommenen Vorschlag des Stuttgarter Archivdirektors Max Miller an die Stauferzeit erinnert werden, als der Südwesten in Gestalt des Herzogtums Schwaben zum letzten Mal vor der Gründung des Südweststaats eine politisch-administrative Einheit gebildet habe. Nun war aber dieses Herzogtum mit der in Neapel vollzogenen Hinrichtung seines letzten Herrn, des jungen Konradin als dem letzten legitimen Staufer, bereits 1268 untergegangen, und auch territorial konnte von einer Identität des modernen Bundeslandes mit dem hochmittelalterlichen Herzogtum keine Rede sein. Recht populär – schon gar in Baden – ist der Staufermythos deshalb auch nie geworden. Da half es auch nicht viel, dass ihn Ministerpräsident Filbinger aus Anlass des 25-jährigen Landesjubiläums mit einer 1977 in Stuttgart gezeigten großartigen Staufer-Ausstellung zu beleben suchte. Immerhin erwies sich diese Ausstellung als Magnet für Besucher aus Nah und Fern, und sie ist sogar zum Vorbild für zahlreiche Nachfolgeprojekte in anderen Bundesländern geworden.

Auch bei der Gründung der 1954 bezeichnenderweise in Karlsruhe ins Leben gerufenen *Kommission für geschichtliche Landeskunde* in Baden-Württemberg spielten erkennbar politische Motive mit – war doch die Mehrzahl der beteiligten Vertreter der landeskundlichen Disziplinen zuvor für eine getrennte Fortführung der beiden in Baden wie Württemberg bestehenden Vorgängerorganisationen eingetreten. Immerhin führte die jüngere *Kom-*

Ausstellungskatalog von 1977

mission mit der Zeitschrift für die Geschichte des Oberrheins (ZGO) und der *Zeitschrift für württembergische Landesgeschichte* (ZWLG) die traditionsreichen Organe ihrer Vorgänger bis heute fort. Wurde die Landeskunde dergestalt in einer der frühesten gesamtstaatlichen Institutionen zusammengeführt, um ein verbindendes historisches Bewusstsein zu schaffen, zielte das Projekt der großen Landesausstellung, die 1955 auf dem Stuttgarter Killesberg in Gegenwart von viel Prominenz eröffnet werden konnte, mit einer Gesamtschau der Leistungsfähigkeit des jungen Landes auf einen raschen Effekt bei einem breiten Publikum. Um die Harmonie nicht zu stören, war Otto Konz, dem »Vater des Neckarkanals« zuvor jedoch untersagt worden, dort auch sein Projekt eines Kanals vom Neckar zur Donau zu präsentieren. So sollte vermieden werden, auf badischer Seite, wo man den Ausbau des Hochrheins von Basel zum Bodensee für vorrangig hielt, Empfindlichkeiten zu wecken und ein hier noch immer virulentes Gefühl der Vernachlässigung erneut zu bestärken.

Als eine wirksame Methode, die Integration des Landes systematisch voranzutreiben, war schon vom Kabinett Maier die Personalpolitik entdeckt worden. Die entsprechenden Bemühungen der Allparteienregierung, Stellen und Positionen in den Stuttgarter Ministerien nach Gesichtspunkten landsmannschaftlicher Parität und Ausgewogenheit zu vergeben, zeitigten indes vorläufig nicht – und auch später eigentlich nie – die gewünschten Erfolge. Auch im April 1956 erklärten alle Minister übereinstimmend, dass Beamte aus Baden für den Dienst in der Landeshauptstadt fast nicht zu gewinnen seien, und dass sie, wo sie ihn doch angetreten hätten, die erste sich bietende Gelegenheit nützten, um ihre Rückversetzung in den badischen Landesteil zu erreichen.

Von Müller zu Kiesinger: Kontinuität und Wandel in der Allparteienkoalition (1956–1960)

Die erste Landtagswahl unter dem neuem Wahlrecht fand am 4. März 1956 statt. Vorangegangen war ein lauer Wahlkampf, in dem die Parteien sich gegenseitig geschont hatten. Unverkennbar dachten alle daran, die Allparteienkoalition fortzusetzen. Nur Gebhard Müller und Alex Möller schmiedeten insgeheim den Plan, die künftige Regierung in Form einer Großen Koalition aus CDU und SPD zu bilden – allenfalls erweitert um den FDP-Politiker Karl Frank im Resort der Finanzen als »Fachminister«. Gebhard Müller hatte für dieses – von ihm stets präferiertes – Koalitionsmodell im CDU-Bundesvorstand jedoch nur Unterstützung bei Bundestagspräsident Eugen Gerstenmaier gefunden. Und auch die Bonner SPD-Führung, die seit dem Bruch der Bonner Koalition im Februar 1956 neuerdings die Oppositionsbank mit der Mehrheit der FDP-Bundestagsfraktion teilte, sprach sich nach einer energischen Demarche des FDP-Bundesvorsitzenden Thomas Dehler gegen die Bildung einer Regierung in Baden-Württemberg aus, an der die FDP nicht beteiligt war.

Das Wahlergebnis selbst ließ alle Optionen offen. Die CDU gewann kräftig hinzu, wenngleich sie mit 42,6 % der Stimmen doch weit hinter Prognosen zurück blieb, die ihr wenige Wochen zuvor noch eine sichere absolute Mehrheit vorhergesagt hatten. Der FDP-Anteil sank – wohl auch infolge der Bonner Turbulenzen – auf 16,6 %. SPD und GB / BHE gewannen nach Stimmen leicht hinzu und erreichten Anteile von 28,9 bzw. 6,3 %. Weil die 5 %-Klausel nunmehr im Unterschied zur Wahl von 1952 für das ganze Land galt, schied die KPD mit 3,2 % endgültig aus dem Landtag aus.

Das Haupthindernis für eine rasche Regierungsbildung, die nach den Bonner Interventionen nur als Neuauflage der Allparteienkoalition erfolgen konnte, bildete das von Gebhard Müller und Alex Möller gemeinsam betriebene Vorhaben, das Kabinett drastisch auf nurmehr sechs Mitglieder – drei der CDU, zwei der SPD und eines der FDP – zu verkleinern. Diese einschneidende Kabinettsreform, die der Verwaltung ein leuchtendes Beispiel für Straffung und eiserne Ausgabendisziplin hätte geben sollen, begegnete indessen nicht nur dem Widerstand der FDP, sondern auch jenem der beiden badischen Staatsräte aus den Reihen der CDU. So blieb letztlich alles beim Alten. Am 9. Mai 1956 wurde die Regierung in unveränderter Stärke und auch in ihrer Zusammensetzung fast unverändert erneut vereidigt. Alex Möller war aus Protest dagegen, dass eine Verkleinerung des Kabinetts nicht stattgefunden hatte, der Wahlhandlung im Landtag zusammen mit einigen Fraktionskollegen ostentativ fern geblieben. Ministerpräsident Gebhard Müller bemühte sich danach weiterhin intensiv um eine Reform und legte im September 1956 auch einen entsprechenden Gesetzentwurf im Kabinett vor. Er drang im Geflecht der unterschiedlichen Parteiinteressen jedoch nicht durch. Im November 1957 wurde das *Gesetz über die Zahl* der Minister vom Landtag in zweiter Lesung von der Tagesordnung abgesetzt. In der Frage der Kabinettsverkleinerung zeigte sich deutlich die Kehrseite des gerade von Gebhard Müller befolgten Prinzips einer proportionalen Teilhabe aller politischen Kräfte an der Macht. Zwar sicherte dieses Prinzip eine gewisse Ruhe und Stetigkeit der Entwicklung, wie es auch leidenschaftliche Eruptionen und vom Publikum für anstößig erachtete Streitigkeiten zwischen den Parteien dämpfte; aber es verhinderte auch, indem es die Parteien auf die Verteidigung von Besitzständen verwies, dass umfassende Reformen und tiefe Einschnitte erfolgen konnten.

Das Scheitern des Gesetzes über die Zahl der Minister blieb nicht der einzige Fehlschlag, den die Bemühungen um eine kostendämpfende Verwaltungsreform in der Ära der Allparteienkoalition erleiden sollten. Greifbare Ergebnisse zeitigten weder die Tätigkeit des zeitweilig zum hauptamtlichen Sparkommissar berufenen SPD-Abgeordneten Willi Lausen noch die Vorschläge eines Sachverständigenausschusses unter dem Heidelberger Juristen Ernst Walz. Zwar wurden die Vorschläge der Walz-Kommission, darunter jener, die Zahl der Regierungspräsidien und der entsprechenden Sonderbehörden auf zwei zu verringern, 1958/59 im Kabinett mehrfach erörtert, doch konnte man sich nicht dazu durchringen, eine organisatorische Zweiteilung Baden-Württembergs faktisch entlang der historischen Landesgrenzen zu akzeptieren. Die von der CDU schon während der Verfassungsberatungen ins Spiel gebrachte und nun erneut diskutierte Bildung von *Landschaftsverbänden* nach dem Vorbild Nordrhein-Westfalens wurde von der FDP und einer überwiegenden Mehrheit der SPD strikt abgelehnt, weil man befürchtete, deren Einrichtung würde in Baden nur als erster Schritt auf dem Wege zur Wiederherstellung der alten Länder betrachtet und solchermaßen missverstanden werden. Dieser ablehnende Standpunkt setzte sich letztlich durch.

Die in dieser Zeit von der CDU bezeigte Konzilianz gegenüber badischen Wünschen hatte ebenso wie das kompromisslose Beharren der alten Südweststaatparteien SPD und FDP auf einer den Zusammenhalt des Landes strikt wahrenden Verwaltungsordnung einen ganz handfesten Grund: Eben im Jahr 1956 war die Baden-Frage durch eine Entscheidung des Bundesverfassungsgerichts erneut auf die Agenda der Politik geraten, schien der Südweststaat nach nur wenigen Jahren seiner Existenz schon wieder zur Disposition zu stehen.

Obwohl der allgemeine Neugliederungsartikel 29 des Grundgesetzes – im Unterschied zum Artikel 118, dem Spezialartikel für den deutschen Südwesten – 1949 von den westlichen Siegermächten bis zum Abschluss eines Friedensvertrages suspendiert worden war, beeilten sich die Bundesorgane schon während der ersten Legislaturperiode des Bundestages, Vorbereitungen für die Erfüllung des in diesem Artikel festgelegten zwingenden Verfassungsauftrags zu treffen. Der Bundestag setzte gleich nach seiner Konstituierung im September 1949 einen *Ausschuss für innergebietliche Neuordnung* ein, der zwei Gutachten in Auftrag gab, aber zu keinem Ergebnis gelangte und in der zweiten Legislaturperiode auch nicht wiederbelebt wurde. Die Bundesregierung legte parallel dazu im Februar 1950 ein Verfahrensgesetz zu Artikel 29 vor, in dem als Frist für die vorgesehenen Volksbegehren der 15. April 1950 festgesetzt wurde. Die drei Hohen Kommissare stellten jedoch sofort klar, dass der alliierte Vorbehalt bezüglich des Artikels 29 auch für die Durchführung der notwendigen Plebiszite gelte. Um die Dinge gleichwohl voranzutreiben, berief die Bundesregierung 1952 einen Sachverständigenausschuss zur Neugliederung unter dem früheren Reichskanzler Hans Luther. Baden-Württemberg als gerade erst begründetes jüngstes Bundesland war in diesem Gremium durch den Mannheimer Oberbürgermeister Hermann Heimerich und den Freiburger Geographen Friedrich Metz vertreten – beide ausgewiesene Vorkämpfer des Südweststaats. Aber auch die Altbadener, die sich mit der Gründung des *Heimatbundes Badenerland* am 11. Oktober 1952 inzwischen organisatorisch neu formiert hatten, kamen im Ausschuss bei dessen Anhörungen zu Wort. Nach den Niederlagen von 1951 folgten sie nun der Strategie, Baden im Rahmen einer Gesamtlösung der Neugliederung nach Artikel 29 wiederherzustellen. Vor der Luther-Kommission erhob Paul Zürcher die entsprechenden Forderungen. Die Sachverständigen konnten sich in ihrem 1955 vorgelegten Abschlussbericht zwar nicht darauf verstehen, diesem Begehren nachzugeben und die Auflösung des Südweststaats zu empfehlen, sie drückten jedoch die Erwartung aus, dass ein wiederhergestelltes Baden die ihm obliegenden Aufgaben zumindest nicht schlechter erfüllen werde als der Durchschnitt der bestehenden Bundesländer.

Als die Bundesrepublik am 5. Mai 1955 die Souveränität erlangte und mit der Aufhebung des Besatzungsstatuts auch der Vorbehalt der westlichen Siegermächte gegenüber Artikel 29 entfiel, trat die Neugliederungsdebatte in ein neues Stadium ein. Im April 1956 kamen Volksbegehren in allen fünf Regierungsbezirken des Landes Rheinland-Pfalz sowie in Teilen Niedersachsens zustande. Mit Ausnahme der Pfalz, wo sich zwei parallel initiierte Begehren entweder nach einer Wiedervereinigung mit dem rechtsrheinischen Bayern oder einem Anschluss an Baden-Württemberg gegenseitig blockierten, wurde das Quorum von 10 % der Abstimmungsberechtigten überall erreicht. Ob auch in Baden ein Volksbegehren nach Artikel 29 möglich sei, blieb vorläufig rechtlich umstritten. Das Bundesinnenministerium verneinte die diesbezügliche Forderung des Heimatbundes Badenerland mit Rücksicht darauf, dass der Artikel 118 für die Neugliederung ein »abweichendes Verfahren« vorgesehen hatte, das bereits zur Anwendung gekommen war.

Auf die daraufhin erhobene Klage vor dem Bundesverfassungsgericht erging jedoch am 30. Mai 1956 ein Urteil, das den Altbadenern Recht gab und den Südweststaat damit nach nur vier Jahren seiner Existenz wieder in Frage stellte. Im Urteil wurde festgestellt, dass die Vereinigung der drei südwestdeutschen Länder nur auf die besondere »Ausgestaltung des zweiten Neugliederungsgesetzes« zurückzuführen sei. Es könne kein Zweifel sein, dass die badische Bevölkerung, hätte sie von Anfang an die Möglichkeit eines Volksbegehrens gehabt, mehrheitlich für die Wiederherstellung der alten Länder votiert hätte. Das Gericht argumentierte weiter, dass bei Anwendung des suspendierten Artikels 29 anstelle des Artikels 118 der Bundesgesetzgeber der »starken Initiative der badischen Bevölkerung« wohl Rechnung getragen »und die unnatürliche, durch die Besatzungsmacht geschaffene Situation im Südwesten nicht durch die Bildung des Landes Baden-Württemberg, sondern durch die Wiederherstellung der alten Länder normalisiert« hätte. Bei der Abstimmung von 1951 habe die zahlenmäßig stärkere württembergische Bevölkerung die schwächere badische majorisieren können. Dadurch sei das Selbstbestimmungsrecht der Badener verletzt worden. Die obersten Verfassungshüter kamen zu dem Schluss, dass der »Wille der badischen Bevölkerung« »durch die Besonderheit der politisch-geschichtlichen Entwicklung *über-*

spielt« worden sei. Sie räumten dem Heimatbund deshalb das Recht ein, ein Volksbegehren gemäß Artikel 29 nach Wiederherstellung des Landes Baden anzustrengen. Insgesamt war das Urteil geeignet, verletztes Rechtsempfinden bei den Altbadenern zu heilen und die frühere Entscheidung in zweifelhaften Punkten zu korrigieren. Es warf aber wiederum neue Probleme auf, deren Lösung der Quadratur des Kreises glich. Dies galt insonderheit für den vollständigen Ausschluss der Bevölkerung Württembergs und Hohenzollerns von jeder Mitwirkung, obwohl sich bei einer Auflösung Baden-Württembergs auch für sie eine Änderung der Landeszugehörigkeit ergeben hätte.

Das badische Volksbegehren wurde im September 1956 durchgeführt und hatte Erfolg. Insgesamt fand es die Zustimmung von 15,1 % der wahlberechtigten Bevölkerung, womit das vorgeschriebene Quorum um die Hälfte überschritten wurde. Die regionale Verteilung entsprach dabei im Wesentlichen der der früheren Abstimmungen. In Südbaden trugen sich 22,1 %, in Nordbaden dagegen nur 8,7 % in die ausgelegten Listen ein. Spitzenreiter war wieder der Landkreis Bühl mit 42,5 %. In Nordbaden blieb die Zustimmung in der alten Landeshauptstadt Karlsruhe mit 19 % naturgemäß am größten. Am anderen Ende der Skala rangierten wiederum Pforzheim-Stadt mit 1,9 % und der Landkreis Sinsheim mit 2,7 %. Mit dem Erfolg des Volksbegehrens erwarb die Bevölkerung in Gesamt-Baden nach dem Gebietsstand von 1945 wie jene in allen anderen Abstimmungsbezirken mit Ausnahme der Pfalz das Recht, in einer Volksabstimmung abschließend über die Landeszugehörigkeit zu entscheiden.

An eine solche Abstimmung war vorläufig freilich nicht zu denken, weil die Baden-Frage nunmehr mit der allgemeinen Neugliederungsproblematik verknüpft war. Die Bundesregierung bezog unter Verweis auf die bevorstehende Wiedereingliederung des Saarlandes und die von ihr angestrebte Wiedervereinigung Deutschlands in der Frage der Neugliederung des Bundesgebiets von nun an eine extrem attentistische Haltung und unternahm in der Sache nichts. Daher kam es, dass die hessische Regierung, die nach den Ergebnissen der Volksbegehren in den rheinland-pfälzischen Regierungsbezirken Rheinhessen und Montabaur auf einen beträchtlichen Gebietszuwachs für ihr Land hoffen durfte, sofort nach Ablauf der in Artikel 29 als Soll-Vorschrift festgelegten Drei-Jahres-Frist für die Neugliederung am 5. Mai 1958 Klage beim Bundesverfassungsgericht mit dem Ziel einreichte, die ausstehenden Volksabstimmungen so rasch wie möglich durchzuführen. Es sollten freilich auch danach noch weitere Jahre vergehen, ehe das Gericht zu einem Ergebnis kam, das die Antragsteller dann allerdings sicher schwer enttäuschte.

Vornehmste und wichtigste der den deutschen Ländern nach einem langen und fast bis in die Gegenwart fortgesetzten Prozess der Unitarisierung noch verbliebenen Kompetenzen war und ist die Kulturhoheit, insbesondere die Ausgestaltung des Schul- und Hochschulwesens. In Baden-Württemberg zeigten sich auf diesem Felde freilich die größten Divergenzen innerhalb der regierenden Allparteienkoalition. Das in der Verfassung vorgesehene Schulgesetz kam deshalb während deren Amtszeit auch gar nicht erst zustande, wie im Übrigen auch die Einführung des bereits seit 1952 diskutierten neunten Pflichtschuljahrs immer wieder verschoben wurde. Andere kulturpolitische Entscheidungen verzögerten sich demgegenüber nur unangemessen. Einzig beim *Gesetz über Schulgeld und Lernmittelfreiheit* konnte vergleichsweise früh Einvernehmen erzielt werden; es wurde schon am 31. Januar 1955 verkündet und sah den Verzicht auf die an Gymnasien noch üblichen Schulgelder bis zum Schuljahresbeginn 1957/58 vor. Die gleichfalls vorgesehene stufenweise Einführung der Lernmittelfreiheit wurde dann sogar vorzeitig umgesetzt; sie trat an Volks- und Berufsschulen zum Schuljahr 1958/59, an Realschulen und Gymnasien zum Schuljahr 1959/60 in Kraft. Der Übertritt auf weiterführende Schulen wurde dadurch für breite Schichten der Bevölkerung erheblich erleichtert.

Insbesondere wegen der leidigen Konfessionsproblematik dauerten andere Entscheidungsprozesse dagegen wesentlich länger. Konnte das Privatschulgesetz noch am Ende der ersten Legislaturperiode im Februar 1956 verabschiedet werden, zogen sich die Debatten über die Lehrerbildung schier endlos dahin. Neben der Frage, in welchem Umfang die Ausbildung der Volksschullehrer konfessionell gebunden erfolgen sollte, lag der Hauptgrund dafür in einer tiefgreifenden Meinungsverschiedenheit über den Zuschnitt der Lehrerbildungsstätten zwischen der CDU auf der einen und der SPD im Verein mit der FDP auf der anderen Seite. Während Ministerpräsident Gebhard Müller, der sogar auf das Abitur als Eingangsvoraussetzung verzichten wollte, und Kultusminister Simpfendörfer – auch gerade mit Rücksicht auf die Folgen für die Lehrerbesoldung – den Hochschulcharakter dieser Einrichtungen eher schwach auszuprägen bestrebt waren, plädierten SPD und FDP entschieden für dessen Stärkung. Der ursprüngliche Entwurf des Kultusministeriums, wie er im Juni 1957 im Kabinett eingebracht wurde, sprach denn auch zunächst nur von Pädagogischen Akademien; die von Arbeitsminister Hohlwegler (SPD) eingeführte Bezeichnung *Pädagogische Hochschulen* wurde erst Monate später auch von der CDU akzeptiert. Noch länger stritt man in der Koalition über die Zahl und den Sitz der konfessionell ausgerichteten Bildungsstätten für Lehrer. Während die CDU vier von insgesamt sieben Hochschulen konfessionell zu binden wünschte, plädierte der Ministerpräsident für drei, derweil die SPD wiederum nur zwei zuzugestehen bereit war. Der nach Monaten gefundene Kompromiss beließ es schließlich bei drei konfessionell gebundenen Hochschulen – einer evangelischen in Heidelberg und zwei katholischen in Freiburg und im oberschwäbischen Weingarten. Fünf Hochschulen in Karlsruhe, Reutlingen, Schwäbisch Gmünd, Esslingen und Ludwigsburg sollten simultanen Charakter tragen. Eine weitere simultane Hochschule in Lörrach kam 1966 noch hinzu. Auch wenn die zuletzt genannte wie übrigens auch die Hochschulen in

Reutlingen und Esslingen anfangs der 80er Jahre wieder geschlossen wurde, um Überkapazitäten abzubauen, blieb Baden-Württemberg mit den verbliebenen sechs Pädagogischen Hochschulen bis heute das einzige Bundesland, in dem die Ausbildung von Grund-, Haupt- und Realschullehrern noch in eigenen Bildungsstätten und somit außerhalb der Universitäten erfolgt.

Das Lehrerbildungsgesetz bildete den Höhe- und gleichzeitig den Schlusspunkt in der Arbeit von Kultusminister Simpfendörfer, der krankheitsbedingt 1958 aus dem Kabinett ausschied. Die Reihe der wichtigen Personalveränderungen dieses Jahres wurde jedoch eröffnet mit der Berufung des aus Baden gebürtigen Juristen Hans Filbinger, den das Kabinett im Mai anstelle von Anton Dichtel, der als Regierungspräsident nach Freiburg gewechselt war, zum ehrenamtlichen Staatsrat berief. Wenige Wochen später wurde über die Nachfolge im Kultusministerium entschieden. Der Ministerpräsident präsentierte im Kabinett neun der CDU angehörende oder doch zumindest nahe stehende Kandidaten, die freilich nicht als Politiker, sondern als Wissenschaftler oder Verwaltungsfachleute hervorgetreten waren. Im Gegensatz zur CDU-Fraktion, die sich für Ministerialrat Autenrieth entschieden hatte, sprachen sich die Partner in der Regierungskoalition für Gerhard Storz aus – einen bewährten Gymnasiallehrer und gleichzeitig ausgewiesenen Literaturwissenschaftler. Es war bezeichnend für den Regierungsstil Gebhard Müllers, dass er, indem er Storz ernannte, die Wünsche der eigenen Fraktion glatt überging und dem Prinzip der Kooptation durch die Kabinettskollegen folgte. Filbinger wie Storz traten ihr Amt am 1. Oktober 1958 an.

Gegen Ende des Jahres 1958 vollzog sich eine Personalveränderung, die noch weit schwerer ins Gewicht fiel. Nachdem im Oktober 1958 der Präsident des Bundesverfassungsgerichts vor Ablauf seiner Amtszeit verstorben war, erhielt Gebhard Müller ein von allen Fraktionen des Bundestages getragenes Angebot, dieses höchste Richteramt in der Bundesrepublik zu übernehmen. Nach langem Zögern entschloss sich der Ministerpräsident des jungen Südweststaats trotz gegenteiliger Bitten auch der Koalitionspartner mit Rücksicht auf seinen angegriffenen Gesundheitszustand, der Politik zu entsagen und an die Spitze des Bundesverfassungsgerichts in Karlsruhe zu treten. Es war dies das vielleicht auch unbewusste Eingeständnis, dass der eigene – von strenger Sachgerechtigkeit und Konvergenzdenken geprägte – politische Stil im Zeichen einer in der Bundesrepublik zunehmenden parteipolitischen Polarisierung nicht mehr in die Landschaft passte. Als Müller im Januar 1959 nach Karlsruhe wechselte, fand er dort auch die Klage der hessischen Landesregierung wegen der ungebührlichen Verzögerung der Volksabstimmungen zur Neugliederung vor. Als das Verfassungsgericht in seinem endlich am 11. Juli 1961 ergangenen Urteil diese Klage schroff abwies, indem es die Neugliederung in das alleinige Ermessen des Bundes stellte und den Heimatbünden jede Parteifähigkeit im Organstreit absprach, hatte der neue Präsident daran gewiss keinen unerheblichen Anteil.

Von den im Spätherbst 1958 bald kursierenden Namen für das frei werdende Amt des Stuttgarter Ministerpräsidenten – Dichtel, Farny, Filbinger und Kiesinger – stieß der des Bundestagsabgeordneten und außenpolitischen Sprechers der CDU / CSU-Fraktion Kurt Georg Kiesinger bei den christdemokratischen Abgeordneten im Landtag zunächst am wenigsten auf Gegenliebe. Auch Gebhard Müller empfahl zu Beginn mit Nachdruck die Wahl eines aus dem badischen Landesteil stammenden Politikers. Nach langen Diskussionen, in deren Verlauf Farny als zu alt, Filbinger als zu jung und Dichtel als zu badisch befunden wurden, einigte man sich in der CDU Ende November 1958 doch auf den Kandidaten Kiesinger, gegen den danach auch die Koalitionspartner keine Einwände erhoben. Am 9. Dezember trat Gebhard Müller offiziell zurück, am 17. Dezember 1958 wurde Kiesinger mit 100 von 110 abgegebenen Stimmen zu seinem Nachfolger gewählt. Noch am gleichen Tag versprach der neue Ministerpräsident im Kabinett, »die Verhandlungen des Ministerrats im bisherigen Geist der Sachlichkeit zu führen«.

Tatsächlich brachte der Wechsel im Amt des Regierungschefs zunächst keinerlei Änderung im politischen Klima, obwohl sich Kiesinger in seiner Persönlichkeitsstruktur von seinem Amtsvorgänger nicht unerheblich unterschied. Zwar war er Katholik wie dieser, als Sohn eines protestantischen Vaters und als Mann, der entscheidende Jahre seines Lebens in Berlin verbracht hatte, war er dem genuin katholischen Milieu jedoch weit weniger verhaftet. Bürgerlich, weltoffen, gewandt und eloquent ließ er zudem auch literarische Neigungen und Züge von intellektueller Brillanz erkennen, die seinen beiden Amtsvorgängern als überaus nüchternen Naturen fremd gewesen waren. Von beiden auch, deren Sparsamkeit sprichwörtlich genannt werden durfte, unterschied ihn darüber hinaus, dass er in Finanzfragen sehr viel großzügiger zu denken gewohnt war. Es sollte Kiesinger denn auch vergönnt sein, mehr Haushaltsmittel bei der Gestaltung der Landespolitik zur Verfügung zu haben als seine Vorgänger, weil die Steuerquellen am Beginn der 60er Jahre stärker sprudelten als je zuvor. Ein unverkennbares Zeichen für die neue Zeit setzte der dritte Ministerpräsident des Landes, als er schon in seinem ersten Regierungsjahr in einer am 6. September 1959 in Singen am Hohentwiel gehaltenen Rede die Neugründung einer Universität in Konstanz anregte.

Eine wichtige Initiative von bundesweiter Bedeutung war schon zuvor von Justizminister Wolfgang Haußmann (FDP) ausgegangen, der – einer entsprechenden Anregung des Stuttgarter Generalstaatsanwalts Erich Nellmann folgend – den Amtskollegen in den anderen Bundesländern vorschlug, eine zentrale Organisation für die überaus schwierige Verfolgung von NS-Verbrechen einzurichten, um die Aufklärung und Prozessvorbereitung wirksamer zu gestalten. Diese Anregung fiel auf fruchtbaren Boden. Das Land Baden-Württemberg wurde mit der Federführung beim Aufbau der entsprechenden Institution beauftragt. Nach Abschluss einer

Verwaltungsvereinbarung zwischen den Ländern nahm diese am 1. Dezember 1958 unter der Bezeichnung *Zentrale Stelle der Landesjustizverwaltungen zur Aufklärung nationalsozialistischer Verbrechen* in Ludwigsburg ihre Arbeit auf. Der Fachaufsicht des Stuttgarter Justizministeriums unterstehend, hat die Zentralstelle für Jahrzehnte eine Tätigkeit von größter Bedeutung für die bundesdeutsche Nachkriegsgesellschaft entfaltet.

In den ersten Monaten des Jahres 1960 schien es, als werde alles weitergehen wie bisher. Der Wahlkampf verlief denn auch in den gewohnt ruhigen Bahnen; und niemand rechnete mit tiefgreifenden Veränderungen in der politischen Landschaft, an der Zusammensetzung der Regierung und am Stil ihrer Arbeit. Selbst der Ministerpräsident ging fest von der Fortsetzung der Allparteienkoalition aus. Dass es schließlich doch ganz anders kommen sollte, dafür trug er am wenigsten Verantwortung.

Eine Ära des Wohlbefindens und Aufbruchs (1960–1972)

Die 1960 anberaumte dritte Landtagswahl, die man nach den schlimmen Erfahrungen mit den Wetterkapriolen des Spätwinters von 1956 per Verfassungsänderung in den klimatisch günstigeren Mai verlegt hatte, brachte für die Christdemokraten einen empfindlichen Dämpfer. Die großen Hoffnungen, die man mit der Auswahl des neuen Ministerpräsidenten knapp eineinhalb Jahre zuvor verknüpft hatte, sie trogen nun. Der Stimmenanteil der CDU sank unter die 40%-Marke, derweil sich die SPD mit einer Steigerung von 28,9% auf 35,3% in ungewohnten Höhen bewegte, und FDP wie GB/BHE kaum nennenswerte Veränderungen erlebten. In der stark verjüngten CDU-Fraktion drängten nun viele Stimmen darauf, die lähmende und offenbar nur der SPD nützende Allparteienkoalition aufzugeben und eine kleine Koalition mit der FDP zu bilden. Auch aus Bonn erklang sehr vernehmlich dieser Tenor. Ministerpräsident Kiesinger, der aus persönlicher Loyalität mit dem bisherigen Koalitionspartner noch lange zögerte, gab dem Drängen schließlich nach und bildete die neue Landesregierung als kleine Koalition mit der FDP und dem GB/BHE, dem man fortan freilich nicht mehr ein Ministerium, sondern nur noch die Position eines Staatssekretärs zubilligte. Demgegenüber erhielt die FDP nunmehr drei wichtige Ministerien – außer den Ressorts Justiz und Finanzen, die sie schon bis dahin inne gehabt hatte, – auch das Wirtschaftsministerium. Im Finanzministerium trat allerdings ein Wechsel ein. An die Stelle des haushälterischen und den hochfliegenden Projekten von Ministerpräsident Kiesinger allzeit skeptisch begegnenden Karl Frank, der schon vor der Landtagswahl zurückgetreten war, um an die Spitze der *Energieversorgung Schwaben* zu wechseln, trat Hermann Müller. So blieb als Hauptgewinn für die CDU das wichtige und in Stuttgart seit 1945 stets sozialdemokratisch geführte Innenministerium, das der junge Hans Filbinger übernahm. Er galt fortan als der Vertreter Badens, und daher konnte auf die Positionen der ehrenamtlichen badischen Staatsräte ganz verzichtet werden.

Die Verdrängung der SPD aus der Regierungsverantwortung hinterließ bei deren Vertretern viel Bitterkeit, und bewog die sozialdemokratische Landtagsfraktion bald, einen scharfen Oppositionskurs zu steuern. Besonders betroffen zeigte sich Alex Möller, der sich bis dahin in der Rolle der Grauen Eminenz und eines »heimlichen Königs« von Baden-Württemberg gesonnt hatte. Er hat den 1960 erfolgten »Hinauswurf« der SPD aus der Regierung von Baden-Württemberg später dadurch entgolten, dass er 1969 seinen Einfluss in Bonn massiv zugunsten einer SPD-FDP-Koalition geltend machte und damit half, Kurt Georg Kiesinger aus dem Kanzleramt zu drängen.

Die Auflösung der Allparteienkoalition, die auch in Bonn Spuren hinterließ und dort als Signal verstanden wurde, das 1956 zerbrochene Bündnis von CDU / CSU und FDP nach der Bundestagswahl von 1961 wiederzubeleben, bedeutete eine tiefe Zäsur in der Geschichte Baden-Württembergs. Nicht länger herrschte hier ein politischer Stil, der von dem, den man in Bonn und in den anderen Bundesländern übte, so augenfällig abstach. Und so war der junge Südweststaat, dessen feste Fundamente die Allparteienkoalition gelegt hatte, zum fast ganz normalen Bundesland geworden – wäre da nicht noch immer die leidige Baden-Frage gewesen.

Glanzvolle Zeiten (1960–1966)

Kurt Georg Kiesinger war eine präsidiale Erscheinung. Er verstand es in vollendeter Form, nicht nur im Land selbst zu repräsentieren, sondern das Land auch nach außen glanzvoll zu vertreten. Höhepunkte bildeten dabei die vom Protokoll aufwändig inszenierten Staatsbesuche des Präsidenten der Französischen Republik, Charles de Gaulle, im Jahre 1962 und des englischen Königspaars 1965. Neben seiner äußeren Erscheinung und seinem schöngeistigen Naturell kam dem Ministerpräsidenten dabei zustatten, dass er aus seinen Berliner und seinen Bonner Jahren über Kontakte und Erfahrungen verfügte, die weit über das Land hinaus reichten. Das unterschied ihn von allen Herren der Villa Reitzenstein, unter denen nur Reinhold Maier *vor* seiner 1945 erfolgten Ernennung zum Ministerpräsidenten durch die Amerikaner als freilich nur kurzzeitiger Abgeordneter im Reichstag während dessen Agonie in den Jahren 1932/33 politische Erfahrungen außerhalb seines Heimatlands Württemberg gesammelt hatte. Maiers spätere Tätigkeit im Bundestag und als Bundesvorsitzender der FDP fiel dann schon in die Zeit *nach* seinem Ausscheiden aus dem Amt des Ministerpräsidenten, und sie hat ihn als vor norddeutscher »Schneidigkeit« stets zurückschreckenden heimatverbundenen Schwaben nie sonderlich beglückt, wie schon daraus erhellt, dass er das Bundestagsmandat zweimal – 1956 und 1959 – aus freien Stücken niederlegte und sich als Bundesvorsitzender seiner Partei selbst nur als »Leihgabe« verstand. Unter den Nachfolgern Kiesingers hat nur Lothar Späth kurz vor der »Wende« von 1989 einmal kurzzeitig bundespolitische Ambitionen bezeigt, vor einem Machtkampf mit Bundeskanzler Helmut Kohl dann aber doch zurückgeschreckt.

Mit Ausnahme von Hans Filbinger, der aus Baden stammte, waren bis in jüngste Zeit alle Regierungschefs des Südweststaats menschlich wie politisch in Württemberg sozialisiert – und zwar entweder wie Gebhard Müller und Erwin Teufel im oberschwä-

Ministerpräsident Kurt Georg Kiesinger mit Königin Elisabeth II. 1965 in Stuttgart.

bisch-katholischen oder wie Reinhold Maier, Lothar Späth und Günther Oettinger im altwürttembergisch-protestantischen Milieu. Kurt Georg Kiesinger nahm hier als »evangelischer Katholik«, wie er sich selbst einmal bezeichnet hat, und als Abkömmling von Eltern altwürttembergischer wie oberschwäbischer Herkunft eine Mittelstellung ein. Zwar in Württemberg, aber nur jeweils fünf Kilometer von der Grenze zu Hohenzollern wie zu Baden geboren, fühlte er sich als Ministerpräsident berufen, die Menschen im Südwesten zusammenzuführen, das Land in seinen Teilen zu einem Ganzen zu verbinden und es identitätsstiftend zu konsolidieren. Seine intensiven Bemühungen zur Lösung der Baden-Frage wie auch sein Anstoß zur Gründung der Universität Konstanz haben hier nicht zum Wenigsten ihre Wurzeln. Im Unterschied freilich zum Konstanzer Projekt, das schließlich verwirklicht wurde, kam die Lösung der Baden-Frage in Kiesingers Stuttgarter Amtszeit nicht voran. Ein Gesetzentwurf von Bundesinnenminister Höcherl sollte 1962 ebenso scheitern wie zwei Jahre später ein solcher des Ministerpräsidenten selbst.

Neben der Aufgabe der inneren Integration des Landes erblickte Ministerpräsident Kiesinger eine weitere darin, das Land zu »entprovinzialisieren«. Die Bildungs- und überhaupt die Kulturpolitik sollte dabei die Hauptleistung erbringen. Es war ein Glücksfall, dass Kiesinger in Kultusminister Gerhard Storz einen kongenialen Partner fand, um hochgesteckte Ziele auch zu erreichen. Storz war es, der John Cranko 1961 als neuen Leiter des Stuttgarter Balletts verpflichtete und damit den Weltruf des Württembergischen Staatstheaters in der Sparte des Balletts begründete. Er war es auch, der durch den Ankauf von berühmten Gemälden aus Toto-Lotto-Mitteln half, die Stuttgarter Staatsgalerie zu einem der bedeutendsten Kunstmuseen in Deutschland auszubauen. Als Mann der Schule brachte er trotz einer eher konservativen Grundhaltung überdies viele wegweisende Reformen auf den Weg – so die Auflockerung der gymnasialen Oberstufe, die nach dem Saarbrücker Rahmenabkommen vom Herbst 1960 an zwölf Schulen erprobt werden durfte, die Einrichtung eines Landesschulbeirats, den Ausbau des Zweiten Bildungswegs und die Einführung des neunten Pflichtschuljahrs, die 1965 in Gang kam. Mit einem Festakt in Ludwigsburg eröffnete er im Mai 1962 schließlich offiziell die Pädagogischen Hochschulen gemäß dem schon 1958 verabschiedeten Gesetz. Mit größter Skepsis begegnete Storz freilich zunächst der Initiative seines Ministerpräsidenten zur Gründung einer neuen Universität. Nachdem die nicht nur von ihm vorgebrachten Bedenken hinsichtlich der Finanzierung jedoch zerstreut schienen, widmete auch er sich mit Begeisterung dem Projekt, dem man aus Gründen der Parität zwischen Baden und Württemberg sogar noch das einer in Ulm zu errichtenden Medizinischen Akademie beigesellt hatte. Storz durfte noch in seiner Amtszeit erleben, wie beide Hochschulen mit dem Zusammentritt ihrer Gründungsausschüsse am 20. März 1964 förmlich konstituiert wurden.

Der Landtag von Baden-Württemberg.

In die Zeit Kiesingers fallen die Anfänge der Sensibilisierung für Umweltthemen, die der Ministerpräsident durchaus teilte. Man wird ihn freilich nicht – wie es gelegentlich geschehen ist – zum »Retter des Bodensees« stilisieren dürfen, liquidierte er mit seiner im Oktober 1963 ausgesprochenen Rücktrittsdrohung für den Fall, dass der Landtag ihm ein Ja zum Ausbau des Hochrheins zur Großschifffahrtsstraße abtrotzen sollte, doch lediglich eine Chimäre. Das Projekt einer Schiffbarmachung des Hochrheins von Rheinfelden bis zum Bodensee, das in seinen Anfängen bis zum Beginn des 20. Jahrhunderts zurückdatiert, ist von allen baden-württembergischen Landesregierungen immer nur dilatorisch behandelt worden, zumal es (was selten oder nie erwähnt wird) in einem sachlichen Gegensatz zu den seit 1953 vorangetriebenen Plänen stand, die nördlichen Teile des Landes über eine Fernleitung mit Bodenseewasser zu versorgen. Schon 1958/59 hatten zwei wissenschaftliche Gutachten, die dem Landtag freilich mit geradezu skandalöser Verspätung erst 1962 vorgelegt wurden, die Unrentabilität des Projekts erwiesen. Wenn gleichwohl weiter darüber gesprochen wurde, und Innenminister Filbinger sich zu seinem Anwalt machte, geschah dies mit Rücksicht auf badische Empfindlichkeiten – galt die Kanalisierung des Hochrheins doch als Äquivalent zu jener des Neckars, die den württembergischen Kernraum an das Netz der Bundeswasserstraßen angeschlossen hatte. Von einer Realisierung war das Projekt aber auch in seiner später abgespeckten Version eines Ausbaus nur bis zur Einmündung der Aare 1963 weit entfernt. Zu unterschiedlich waren die Vorstellungen über die nicht einmal im Ansatz geklärte Finanzierung zwischen den beteiligten Staaten Deutschland, Schweiz und Österreich, zwischen Bund und Land in Deutschland, zwischen Bund und Kantonen in der Schweiz und schließlich auch zwischen den Schweizer Kantonen untereinander, als dass man den Bodensee 1963 hätte »retten« müssen. Der Hochrheinausbau blieb zwar noch für weitere Jahrzehnte auf der Agenda eines Grüppleins interessierter Kreise, über das Stadium eines Wunschtraums oder eines Gedankenspiels ist er jedoch nie hinaus gekommen.

1964 wurde der Landtag, der drei Jahre zuvor – auch ein Zeichen der neuen Zeit! – ein hypermodernes – in seiner Funktionalität freilich immer umstritten gebliebenes – Gebäude bezogen hatte, neu gewählt. Auf den Wahlplakaten der CDU prangte nun überlebensgroß neben dem inzwischen zum wirklichen Repräsentanten des Landes avancierten Ministerpräsidenten auch der als Vater des Wirtschaftswunders äußerst populäre neue Bundeskanzler Ludwig Erhard. Ganz offenbar verfehlte diese Werbung ihre Wirkung nicht. Mit 46,2 % und 59 von 120 Mandaten blieb die CDU nur knapp unter der absoluten Mehrheit. Zwar stieg auch der SPD-Anteil nochmals auf 37,2 %, doch zusammen mit einer leicht geschrumpften FDP gab es immer noch eine klare bürgerliche Mehrheit. Der Landtag zählte fortan nur noch drei Fraktionen, weil dem GB/BHE, dessen Vertreter im Kabinett, Staatsekretär Sepp Schwarz, schon im Januar 1964 zur CDU übergetreten war, der Wiedereinzug verwehrt blieb. Bei der anschließenden Regierungsbildung ergab sich ein Problem nur insofern, als manche CDU-Vertreter aus den veränderten Stärkeverhältnissen zwischen ihrer Partei und der FDP die Forderung ableiteten, der Koalitionspartner müsse eines seiner drei Ministerien hergeben. Ministerpräsident Kiesinger, der für diesen Fall eine Wendung der FDP zur SPD fürchtete, konnte sich jedoch durchsetzen, und so blieb es bei drei FDP-Ministern. Eine Veränderung im Kabinett trat nur insofern ein, als Kultusminister Storz, dem das Politikerdasein auch wegen vieler Querschüsse aus den eigenen Reihen vergällt war, seinen Ministersessel räumte, nicht ohne freilich mit Wilhelm Hahn, dem Inhaber des Lehrstuhls für praktische Theologie an der Universität Heidelberg, noch den Nachfolger zu empfehlen. Hahn war baltendeutscher Herkunft, jedoch in Westfalen groß geworden und 1962 als Abgeordneter der CDU in den Bundestag nachgerückt. Vom Typus war er seinem Vorgänger weniger ähnlich, als man vermuten konnte. An die Stelle eines Schöngeistes, der den Gipfel deutscher Kultur in der Klassik bei Goethe und Schiller erblickte, trat nun ein pragmatischer Gestalter mit politischem Gespür. Mit Storz teilte Hahn jedoch wiederum die Skepsis gegenüber einer bloß quantitativen Ausweitung höherer Bildung.

Bildungsoffensive

Zu Beginn des Jahres 1964 hatte der Pädagoge Georg Picht in einer vierteiligen Artikelserie in *Christ und Welt* die »deutsche Bildungskatastrophe« beschworen. Ministerpräsident Kiesinger nahm in seiner Regierungserklärung im Juni 1964 das Stichwort auf und räumte der Bildungspolitik für die kommende Legislaturperiode absolute Priorität ein. Von seinem neuen Kultusminister forderte er umfassende Reformen; und tatsächlich ging der nunmehr erstmals um eine Planungsabteilung erweiterte Stab des Ministeriums unter

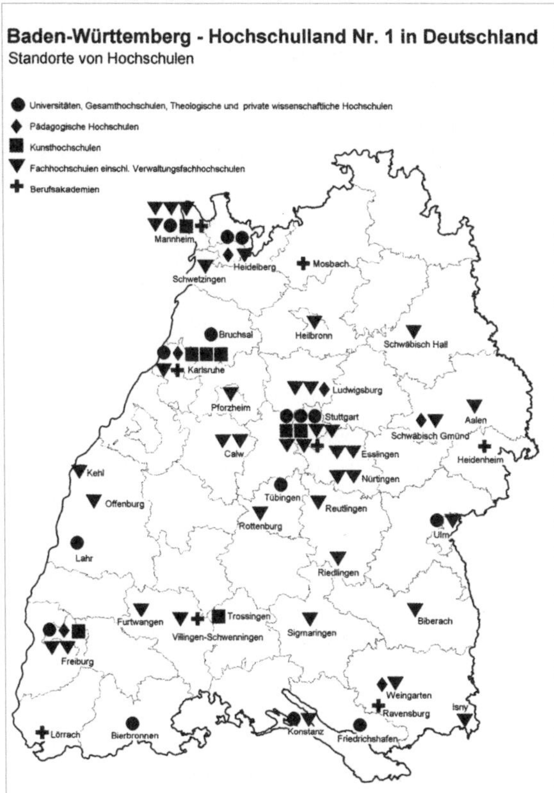

Standorte von Hochschulen in Baden-Württemberg.

seinem neuen Chef sofort mit Feuereifer ans Werk. Zum wichtigsten Mitarbeiter des Ministers wuchs dabei der junge Spitzenbeamte Paul Harro Piazolo heran, dessen Ruf bald zur Legende wurde. Ziel war es, eine Gesamtkonzeption für alle Bereiche des Bildungswesens entwerfen.

Die von Kiesinger angestoßenen Prestigeobjekte kamen rasch voran. Im Juni 1966 wurde der Grundstein für die Universität Konstanz gelegt, im Februar 1967 folgte die Grundsteinlegung der Medizinisch-naturwissenschaftlichen Hochschule in Ulm. Letzere erhielt noch im selben Jahr zusammen mit den renommierten Technischen Hochschulen in Karlsruhe und Stuttgart, der Landwirtschaftlichen Hochschule in Stuttgart-Hohenheim und der Wirtschaftshochschule in Mannheim unter jeweils beachtlicher Erweiterung des Fächerkanons vor allem im geisteswissenschaftlichen Bereich den Titel »Universität«. Zusammen mit den Traditionsuniversitäten in Heidelberg, Freiburg und Tübingen verfügte Baden-Württemberg damit über nicht weniger als neun Universitäten; es erreichte so die größte Hochschuldichte unter den Ländern der Bundesrepublik. Vom Wintersemester 1964/65 bis zum Wintersemester 1972/73 wurde das wissenschaftliche Personal an den Universitäten von 6302 auf 11 826 fast verdoppelt; die Zahl der Studierenden stieg im selben Zeitraum von 61 636 auf 107 921.

Das Zeitalter dieser ungeheuren Expansion war freilich auch von großer politischer Unruhe geprägt, die sich in vielfältigen Protesten und »Streiks« entlud. Dabei verschränkten sich Motive der Zeitkritik an einer unzureichenden Aufarbeitung und »Bewältigung« der deutschen Vergangenheit, am Vietnamkrieg und an den sozioökonomischen Verhältnissen unter dem kapitalistischen System mit einem nur wenige Jahre später schon nicht mehr für möglich gehaltenen Zukunftsoptimismus, demzufolge alle Probleme und Unzulänglichkeiten menschlicher Gesellschaften nicht nur im Westen, sondern in der ganzen Welt, aus der Kraft eines kritischen Bewusstseins durch die Anwendung egalitärer Prinzipien, eine rationale Planung und eine gerechtere Verteilung von Chancen und Ressourcen zu überwinden seien. Inspiriert auch von den entsprechenden Vorgängen in den Vereinigten Staaten und in Frankreich – nahmen die Studentenunruhen an den Universitäten in Heidelberg und Konstanz besonders dramatische Formen an. In Heidelberg – immerhin der Heimatuniversität des Kultusministers – gipfelten sie 1972 im Konflikt um das »Sozialistische Patientenkollektiv«, in Konstanz zur gleichen Zeit im Rücktritt von Gründungsrektor Gerhard Hess und der Unterstellung der jungen Universität unter die Verwaltung durch einen Staatskommissar. Kultusminister Hahn, der bis 1967 als fortschrittlichster unter seinen Kollegen in Deutschland gegolten hatte und von einer Woge der Zustimmung auch durch die Presse getragen worden war, wurde in den Zeiten der Studentenunruhen zu einem der zeitweise bestgehassten Politiker in Deutschland.

Der Jom-Kippur-Krieg und die nachfolgende Ölpreisrevolution im Herbst 1973 mit ihren einschneidenden Konsequenzen für die Entwicklung von Wirtschaft und Staatsfinanzen brach der Opposition dann aber die Spitze. In den Titeln der von Hahn organisierten Kongresse »Tendenzwende« (München 1974) und »Mut zur Erziehung« (Bad Godesberg 1978) kam sprechend zum Ausdruck, dass neue Zeiten angebrochen waren. Deutlich wurde dies auch darin, dass der Kultusminister im Herbst 1975 vom Kabinett den Auftrag erhielt, außerhalb des Schulbereichs, der damals noch unangetastet bleiben sollte, 2500 Stellen zu streichen. Es gelang Hahn indes, diesen Aderlass der Universitäten auf letztlich 900 Stellen zu begrenzen. Politische Folgen zeitigte die Tendenzwende 1977 mit der von staatlicher Seite angeordneten Abschaffung der Verfassten Studentenschaft an den Hochschulen, womit das von diesen bis dahin in Anspruch genommene allgemeinpolitische Mandat erlosch, und der Einführung einer Oberstufenreform, die gegenüber der in anderen Bundesländern nicht nur verzögert, sondern auch in einer wesentlich veränderten Form erfolgte, insofern die Wahlfreiheit zugunsten der Kernfächer beschränkt blieb.

Bleibendes Ergebnis der Studentenrevolte, in der sich auch die Ingenieurschüler hervorgetan hatten, war die 1971 erfolgte Anhebung der Ingenieurschulen und anderen höheren Fachschulen zu Fachhochschulen. Sie wurden in Baden-Württemberg nachfolgend zu einem vergleichsweise dicht gespannten Netz ausgebaut. Um die Finanzschwierigkeiten der nichtstaatlichen Musikhochschulen in

Heidelberg, Mannheim, Karlsruhe und Trossingen zu überwinden, wurden diese zum Jahresbeginn 1971 verstaatlicht. Sie traten damit an die Seite der schon existenten staatlichen Musikhochschulen in Freiburg und Stuttgart.

Auch im Schulbereich kam es in den späteren 60er und zu Beginn der 70er Jahre zu einer gewaltigen Expansion, die hauptsächlich politisch intendiert und nur zum Teil auch durch den Anstieg der Schülerzahlen (von 1,2 Millionen 1964 auf immerhin 1,8 Millionen 1978) verursacht war. Gemäß dem Schulentwicklungsplan I wurden zum Schuljahr 1966/67 die im Land noch existierenden Zwergschulen weitgehend aufgelöst. Der Schülertransport zu den Mittelpunktschulen funktionierte von Beginn an relativ reibungslos und strafte die Befürchtungen vor einem Chaos Lügen. Großzügig ausgebaut wurde nun auch erstmals das Sonderschulwesen. Aber auch die weiterbildenden Schulen erfuhren eine starke Förderung, wenngleich die von der in Bonn regierenden sozialliberalen Koalition zu Beginn der 70er Jahre gehegten Blütenträume, den Anteil der Abiturienten eines Jahrgangs auf 50 % zu steigern, in Stuttgart niemals geteilt wurden. Immerhin wurden in Baden-Württemberg bis 1978 fast 90 neue Gymnasien (es waren danach insgesamt 357) und 175 neue Realschulen (danach insgesamt 401) begründet. Die Zahl der Abiturienten verdreifachte sich von 8 000 im Jahr 1964 bis 1978 auf 24 000.

Mit der Bildungsexpansion stand Baden-Württemberg in jenen Jahren nicht allein. Was die Entwicklung im Südwesten jedoch von der in anderen Bundesländern unterschied und heraushob, war zum einen der quantitative Umfang dieser Expansion – mit seinem Aufwand für die Bildung je Einwohner lag das Land 1972 an der Spitze aller Flächenländer der Bundesrepublik – und zum anderen, dass hier der Sektor der beruflichen Bildung im Schulentwicklungsplan II, wie er 1968 vorgelegt und 1971 vom Kabinett verabschiedet wurde, eine ganz besondere Förderung erfuhr. Gab es zu Beginn der Reform nur 35 berufsorientierte (Technische und

Wirtschafts-) Gymnasien, so stieg ihre Zahl bis 1978 auf 134. Dazu kam seit 1973 die Übertragung des Dualen Systems auf den tertiären Bereich in Gestalt der Berufsakademien (heute: *Duale Hochschulen),* in denen ein Studium mit einer betrieblichen Ausbildung kombiniert wurde. Die ersten derartigen Berufsakademien entstanden 1974 in Stuttgart und Mannheim, weitere zwischen 1974 und 1979 in Villingen-Schwenningen, Heidenheim, Ravensburg und Karlsruhe.

Insgesamt stieg der Etat des Kultusministeriums in der Ära Hahn von 1964 bis 1978 von 1,53 Milliarden DM auf 7,3 Milliarden, sein Anteil am Gesamthaushalt von 23 % auf 31 %. Die Zahl der Personalstellen wurde im gleichen Zeitraum von 60 000 (davon 35 000 Lehrer) auf 124 000 (davon 81 000 Lehrer) glatt verdoppelt. Dieser Expansion in der Hauptsache ist es geschuldet, wenn der Landeshaushalt in der Gegenwart zunehmend in Gefahr gerät, durch wachsende Pensionslasten außer Kontrolle zu geraten. Die Vision von Ministerpräsident Kiesinger freilich, Baden-Württemberg zu einem Land der Hochschulen und der Bildung zu machen, hatte sich voll erfüllt. Allerdings war es ihm nur vergönnt gewesen, die Verwirklichung der allerersten Pläne noch als Herr der Villa Reitzenstein mitzuerleben.

Bewegte Zeiten (1966–1972)

Die Umsetzung des Schulentwicklungsplans I warf in Südwürttemberg-Hohenzollern besondere Probleme auf, weil hier das Volksschulwesen gemäß den Sonderbestimmungen der Landesverfassung noch konfessionell organisiert war. Die sozialdemokratische Opposition, aber auch der Koalitionspartner FDP und die evangelische Landeskirche in Württemberg forderten nunmehr, im Zuge der Schulreform das seit 1876 in Baden bewährte und 1946 auf Nordwürttemberg übertragene Modell der christlichen Gemeinschaftsschule (Simultanschule) auch in Südwürttemberg-Hohenzollern einzuführen. Die katholische Kirche, insbesondere der Rottenburger Bischof Leiprecht, widerstrebte dem freilich vehement und fand mit ihrem Anliegen auch Gehör bei maßgeblichen Kreisen der CDU-Landtagsfraktion. Deshalb wurde im Verlaufe des Jahres 1966 fieberhaft nach Kompromisslösungen gesucht. Als Alternativen standen insbesondere die sogenannte Antragsschule und ein Ausbau des privaten Schulwesens zur Diskussion. Indes, rascher als gedacht, ergab sich eine völlig neue Perspektive durch politische Entwicklungen, die niemand hatte vorhersehen können.

Im Herbst 1966 zerbrach die Bonner Regierungskoalition wegen einer drohenden Lücke im Bundeshaushalt und außenpolitischer Differenzen zwischen »Gaullisten« und »Atlantikern« in der CDU/CSU-Bundestagsfraktion. Bundeskanzler Ludwig Erhard stand nach dem Auszug der FDP-Minister ohne Mehrheit da; sein Rücktritt war unausweichlich. Unter den Kandidaten für die Nachfolge machte nach kurzem Finassieren der Ministerpräsident von Baden-Württemberg, Kurt Georg Kiesinger, das Rennen. Er bildete mit der SPD, die damit erstmals in der Geschichte der Bundesrepublik auf Bundesebene in die Regierungsverantwortung gelangte, eine Große Koalition. Mit seiner Wahl zum Bundeskanzler am 1. Dezember 1966 schied er als Stuttgarter Regierungschef aus dem Amt. Bei der nachfolgenden Kampfabstimmung zwischen Kultusminister Hahn und Innenminister Filbinger am 5. Dezember votierte die CDU-Fraktion mit einer Mehrheit von 34 zu 25 Stimmen für Filbinger. Allgemein ging man von einer Fortsetzung der CDU-FDP-Koalition aus. Bei den Freien Demokraten machte sich jedoch gegen das Votum des Landesvorsitzenden Hermann Saam und der eigenen Ministerriege eine einflussreiche Gruppe um die Abgeordneten Walter Erbe und Guntram Palm für eine Koalition mit der SPD nach dem Vorbild Nordrhein-Westfalens stark, um ein Gegengewicht gegen die übermächtige Bonner Koalition zu schaffen.

Die Entscheidung fiel am Abend des 12. Dezember. Als der CDU-Führung zugetragen wurde, dass sich die Gewichte bei der schon viele Stunden tagenden FDP-Fraktion zugunsten einer sozialliberalen Koalition neigten, reagierte sie blitzschnell und lud ihrerseits die SPD zu Koalitionsgesprächen ein. Diese Gespräche hatten gerade begonnen, als der designierte Ministerpräsident durch einen hereingereichten Zettel erfuhr, die FDP habe sich inzwischen tatsächlich für eine Koalition mit der SPD entschieden. Der Handel zwischen CDU und SPD war danach schnell perfekt. Ohne weitere Umstände gestanden die christdemokratischen Unterhändler dem künftigen Koalitionspartner nicht nur vier der wichtigsten Ministerien zu; sie zeigten sich darüber hinaus auch bereit, eine Änderung der Landesverfassung vorzunehmen und das Modell der Simultanschule dergestalt auf Südwürttemberg-Hohenzollern zu übertragen. Die FDP erlebte dergestalt den klassischen Tag der Geprellten. Es sollten danach nicht weniger als dreißig Jahre vergehen, ehe sie in Stuttgart wieder an der Regierung beteiligt wurde. Das war eine traumatisierende Erfahrung mit nachhaltigen Wirkungen auf das Innenleben der Partei. Die Ironie wollte es, dass Guntram Palm, 1966 ein Hauptbefürworter des Bündnisses mit der SPD, nur wenige Jahre später die FDP verließ und zur CDU übertrat, als deren Vertreter er alsbald wichtige Ministerposten übernehmen sollte.

Am 16. Dezember 1966 wurde Hans Karl Filbinger zum Ministerpräsidenten gewählt. In seinem Kabinett behauptete die CDU von den Schlüsselressorts nurmehr das Kultusministerium, derweil die anderen wichtigen Ministerien Inneres (Walter Krause), Justiz (Rudolf Schieler), Finanzen (Kurt Angstmann) und Wirtschaft (Hans-Otto Schwarz) an die SPD gingen. Der neue Ministerpräsident, der sich anders als sein Vorgänger auch intensiv dem Aktenstudium widmete, machte sich aber alsbald daran, diesen für seine Partei schmerzlichen Verlust an administrativer Kompetenz durch einen kräftigen Ausbau des Staatsministeriums zu kompensieren. In seiner Regierungszeit wurde die Zahl der Planstellen in dieser eigentlichen Machtzentrale der Landespolitik von 74 auf 133 fast verdoppelt. Reinhold Maier und Gebhard Müller waren noch mit jeweils 57 Bediensteten ausgekommen. Die zwischen den neuen Regierungspartnern verabredete Verfassungsänderung passierte schon im Februar 1967 den Landtag; seither gilt überall in Baden-Württemberg – anders als etwa noch heute in Nordrhein-Westfalen – das Prinzip der Simultanschule.

Eine Hauptsorge der neuen Koalition galt zunächst der Konsolidierung des Haushalts. Die Defizite der Jahre 1952–54 waren noch durch Überschüsse in den Jahren 1955/56 ausgeglichen worden, jene der Jahre 1957/58, die hauptsächlich durch Forderungen des Bundes auch im Zusammenhang mit der Wiedergutmachung verursacht gewesen waren, durch die seit 1959 stark gestiegenen Steuereinnahmen. Jetzt, 1967, drohte erneut ein erhebliches Defizit, das große Unruhe erregte. Aber die schon 1968 wieder anziehende und danach auf hohem Niveau verharrende Konjunktur zerstreute bald alle Sorgen, so dass insbesondere die Bildungsexpansion weiter getrieben werden konnte, auch wenn der neue Regierungschef ihr nicht mehr die oberste Priorität zuerkennen wollte.

Im Frühjahr 1968 wurde der Landtag neu gewählt. Die CDU erlitt geringfügige Verluste auf 44,2 %, die FDP ebensolche Gewinne, die ihr mit 14,4% zum letzten Mal vor 2006 ein zweistelliges Ergebnis bescherten. Dramatisch aber war der Einbruch der SPD, deren Stimmenanteil von 37,3 auf 29 % absackte. Viele in der Partei zogen daraus den Schluss, dass der SPD ein Regierungsbündnis mit der CDU im Lande nicht bekomme. Eine am 18. Mai 1968 in Kehl abgehaltene Landesdelegiertenkonferenz lehnte daher mit 180:166 Stimmen eine weitere Regierungsbeteiligung ab. Landtagsfraktion und Landesvorstand setzten sich über diesen Beschluss jedoch hinweg und votierten mit großer Mehrheit (in der Fraktion mit 32:4, im Vorstand mit 11:5 Stimmen) für die Fortführung der Großen Koalition. Den geänderten Kräfteverhältnissen zwischen den Regierungsparteien trug man dadurch Rechnung, dass die

SPD auf das Finanzministerium verzichtete und dafür das weniger wichtige Arbeitsressort erhielt. Neuer Finanzminister wurde der als grundsolider Haushälter bekannte CDU-Politiker Robert Gleichauf aus Oberndorf. Angesichts der anstehenden Reformen war die Fortführung der Großen Koalition in Baden-Württemberg für das Land zweifellos ein Gewinn; für die SPD hingegen bedeutete sie wegen der Verletzung von Grundregeln der innerparteilichen Demokratie noch für lange Zeit eine starke Belastung. National wie vor allem auch international am meisten Beachtung fand die Landtagswahl von 1968 jedoch nicht wegen der in ihrer Folge innerhalb der SPD ausgelösten Querelen, sondern hauptsächlich dadurch, dass mit der NDP, die fast 10 % der Wählerstimmen erringen konnte, erstmals eine rechtsradikale Partei in das Parlament eines deutschen Flächenlandes einzog. Sie ist dort freilich kaum aktiv geworden und hat bei der nachfolgenden Wahl sogar auf eine Beteiligung ganz verzichtet.

In Bonn regierte derweil noch die Große Koalition unter Kurt Georg Kiesinger. Er sollte dem Land Baden-Württemberg als Bundeskanzler im Jahr darauf einen größeren Dienst erweisen, als er ihn je in Stuttgart zu erbringen vermocht hatte. Im Bundestag verfügte seine Regierung über eine verfassungsändernde Mehrheit. Diesen Umstand machte sich der Kanzler zu Nutze, um das Problem, das ihn als Ministerpräsident mehr als alles Andere gequält hatte, einer endgültigen Lösung zuzuführen. Mit dem 25. Gesetz zur Änderung des Grundgesetzes vom 19. August 1969 wurde der immer noch ausstehende Volksentscheid in Baden innerhalb einer bis zum 30. Juni 1970 reichenden Frist anberaumt. Damit hatte Kiesinger den Gordischen Knoten durchhauen, auch wenn das Ausführungsgesetz vom 26. Februar 1970 erst unter der nachfolgenden sozialliberalen Bundesregierung Brandt/Scheel verabschiedet worden ist. Für den Erfolg legte das Gesetz ein vergleichsweise niedriges Quorum von 25 % der Abstimmungsberechtigten fest. Ein Viertel der höchstmöglichen Stimmenzahl sollte also ganz unabhängig

Wahlplakat zur Volksabstimmung am 7. Juni 1970.

von der Beteiligung ausreichen, um Baden in seinen alten Grenzen wiedererstehen zu lassen, vorausgesetzt dieses Viertel bildete die Mehrheit bei denjenigen, die sich an der Abstimmung beteiligten. Nach Jahren einer ungebührlichen Verschleppung stellte dies eine überaus faire Lösung dar.

Der Volksentscheid in Baden fand am 7. Juni 1970 statt. Für den Abstimmungskampf bildete sich als Gegenpol zum »Heimatbund Badenerland« das »Aktionskomitee Vereintes Baden-Württemberg«, das von Seiten der Landesregierung massive Unterstützung erhielt. Beherrscht wurde die Auseinandersetzung wie schon die früheren ganz und gar von ökonomischen Argumenten. Sie dürften denn auch – genau zu der Zeit, da die Industrie des Südweststaats ihre größte Dynamik entfaltete, – bei der weit überwiegenden Zahl der Stimmbürger letzten Endes den Ausschlag gegeben haben. Das Ergebnis fiel jedenfalls eindeutig aus. Bei einer Beteiligung von 62,83 % votierten 81,93 % der an die Urnen gegangenen Stimmbürger in Baden für ein Verbleiben im gemeinsamen Bundesland und damit für den Erhalt des Südweststaats. Demgegenüber sprachen sich nur 18,07 % der Abstimmenden für die Wiederherstellung eines Landes Baden aus. Nennenswerte Anteile erreichte die pro-badische Bewegung eigentlich nur in der alten Landeshauptstadt Karlsruhe mit 36,0 % und wieder einmal im Landkreis Bühl mit 32,2 %. Mit dieser Abstimmung war das Land Baden-Württemberg achtzehn Jahre nach seiner Gründung eindrucksvoll bestätigt und demokratisch legitimiert. Als Beitrag zur endgültigen Befriedung übernahm das Land die Tilgung der Schulden des »Heimatbundes Badenerland«.

Verwaltungsreform

Der positive Ausgang der Baden-Abstimmung ermöglichte der Landesregierung mit ihrer erdrückenden Mehrheit im Landtag, in den nachfolgenden Jahren große Reformen der Verwaltung in Angriff zu nehmen, bei denen man auf die alten Landesgrenzen keine Rücksicht mehr zu nehmen brauchte. Sie waren das Werk beider Regierungsparteien, doch kam die Federführung dem sozialdemokratisch geführten Innenministerium zu. Dessen Chef, Walter Krause, war es denn auch vor allen anderen, der sich intensiv bemühte, das Gespräch mit den Betroffenen zu suchen, die Pläne der Landesregierung zu erläutern und für diese eindringlich zu werben.

Nach längeren, schon 1969 begonnenen Vorarbeiten, in deren Verlauf unterschiedliche Modelle einer Gebietsreform zur Diskussion standen, fielen die wichtigsten Entscheidungen im Juli 1971 mit den Gesetzen zur Kreisreform und zur Einrichtung von Regionalverbänden sowie einem ersten Gesetz zur Funktionalreform. Die Grenzen der 63 Landkreise, wie sie in Baden-Württemberg vor der Reform bestanden, stammten noch aus der Zwischenkriegszeit; sie waren in Hohenzollern zuletzt 1925, in Württemberg 1938 und in Baden 1939 verändert worden. Aus den alten Kreisen formte man nun – nicht selten unter Überschreitung der alten Landesgrenzen – 35 neue Großkreise, deren Einwohnerzahlen freilich in Abhängigkeit von den Siedlungsstrukturen auch weiterhin beträchtlich differierten. So übertrafen die größten Landkreise Rhein-Neckar (mit Sitz in Heidelberg), Ludwigsburg und Esslingen, in denen heute jeweils mehr als eine halbe Million Menschen leben, den Hohenlohekreis (mit Sitz in Künzelsau) als den kleinsten um fast das Fünffache. Der Verabschiedung des Kreisreformgesetzes waren heftige und teilweise stark emotional geführte Auseinandersetzungen im Landtag vorausgegangen, die bisweilen den Zuschnitt von Kreisen, manchmal aber auch deren Sitz betrafen. So war ursprünglich vorgesehen, den Landkreis Karlsruhe ganz aufzulösen und sein Gebiet auf die Kreise Rastatt und Bruchsal zu verteilen Am Ende wurde jedoch der Landkreis Bruchsal aufgehoben und sein Gebiet in den damit stark vergrößerten Landkreis Karlsruhe eingegliedert. Beim Kreissitz entspann sich der wohl heftigste Streit im Ostalbkreis zwischen Schwäbisch Gmünd und dem am Ende obsiegenden Aalen. Die neun Stadtkreise blieben in ihrer Existenz unberührt; die meisten von ihnen wurden aber durch Eingemeindungen erheblich vergrößert. Ohne Gebietsgewinn blieben am Ende nur die beiden größten kreisfreien Städte des Landes – Stuttgart und Mannheim.

Fast gleichzeitig mit der Kreisreform wurden im Juli 1971 zwölf Regionalverbände als institutionalisierte Planungsebene zwischen kommunaler Planung und Landesplanung gebildet. Ihre Einrichtung ging in der Hauptsache auf Vorstellungen und Wünsche der Sozialdemokraten zurück, die à la longue eine völlige Umgestaltung der Territorial- und Verwaltungsstrukturen im Lande unter Abschaffung der Kreisverwaltungen wie der Regierungspräsidien erstrebten. Tatsächlich erreichte die SPD zunächst einen Gesetzesbeschluss, demzufolge die vier Regierungspräsidien zum 1. Januar 1977 abgeschafft werden sollten. Die CDU-Alleinregierung hat diesen Beschluss indessen schon 1973 revidiert, so dass die Regierungsbezirke bis heute erhalten geblieben sind. Ihr Zuschnitt und ihre Namen unterlagen infolge der Kreisreform jedoch Veränderungen. So wurde beispielsweise der badische Main-Tauber-Raum dem Regierungsbezirk Stuttgart, der altwürttembergische Raum um Calw und Freudenstadt im Gegenzug dem Regierungsbezirk Karlsruhe zugeordnet. Wegen dieser radikalen Abkehr von den alten Landesgrenzen musste auch die Benennung der Regierungsbezirke verändert werden. An die Stelle der älteren Bezeichnungen

Nordbaden, Nordwürttemberg, Südbaden und Südwürttemberg-Hohenzollern, rückten die Namen der Städte, in denen die Präsidien ansässig sind: Karlsruhe, Stuttgart, Freiburg und Tübingen. Weil die CDU-Alleinregierung bei ihrem sachlich unzweifelhaft gut begründeten Beschluss, die Regierungspräsidien zu erhalten, mit den Regionalverbänden ein sozialdemokratisches Reformrelikt bestehen ließ, weist Baden-Württemberg heute mit der Hierarchie Gemeinde – Kreis – Regionalverband – Regierungsbezirk – Landesverwaltung unter allen Bundesländern die meisten Verwaltungsebenen auf. Freilich sind die Regionalverbände – außer dem der Region Stuttgart, der 1994 ein Parlament und wichtige zusätzliche Kompetenzen erhielt, inzwischen fast bedeutungslos geworden. Dem Verband Nordschwarzwald, der daraus die Konsequenz zu ziehen gewillt war, ist die angestrebte Selbstauflösung gleichwohl versagt geblieben.

Höhere Wogen noch und mehr Ungemach als die Kreisreform erzeugte die schon 1967 zunächst auf freiwilliger Basis in Gang gekommene und seit 1972/73 von Gesetzes wegen vorangetriebene Gemeindegebietsreform. Mit den letzten Zwangseingemeindungen zum 1. Januar 1975 wurde die Zahl der politischen Gemeinden in Baden-Württemberg von zuvor 3379 auf 1111 – also um zwei Drittel – vermindert. Allerdings war es einigen Gemeinden doch gelungen, eine vom Land verordnete Zwangsfusion auf dem Weg der Klage abzuwenden. So scheiterte die Landesregierung zum Beispiel mit ihren Plänen, Böblingen und Sindelfingen oder Ravensburg und Weingarten in jeweils einer Gemeinde zusammenzuführen. Bei der aus historischen wie konfessionellen Gründen wahrscheinlich unglücklichsten Verbindung – der zwischen dem (vorderösterreichisch-badischen) Villingen und dem (altwürttembergischen) Schwenningen – ist es jedoch geblieben. Die nun vergrößerten Gemeinden wurden durch die Funktionalreform von 1974 mit erweiterten Kompetenzen hauptsächlich im Bereich Passwesen, Polizeistundenverlängerung, Baurecht, Gaststättenrecht, Gewerbesteuererhebung, Einzelhandel und Ladenschluss ausgestattet. Alles in Allem hat die Verwaltungsreform der frühen 70er Jahre, die größtenteils ein Gemeinschaftswerk von CDU und SPD gewesen ist, zweifellos dazu beigetragen, die Verwaltung umfassend zu modernisieren und sie den veränderten ökonomischen, sozialen und demographischen Gegebenheiten anzupassen. Den Beweis freilich, dass damit auch in einem erheblichen Umfang Verwaltungskosten eingespart wurden, ist man bis heute schuldig geblieben.

Das Ergebnis der Baden-Abstimmung zeitigte jedoch nicht nur auf staatlicher Ebene nachhaltige Folgen. Waren SPD und FDP schon seit 1952/53 in Landesverbänden organisiert, zog die CDU erst im Januar 1971 nach, indem sie die bestehenden vier Landesverbände zu einem einzigen verschmolz. Erster Landesvorsitzender mit der Zuständigkeit für ganz Baden-Württemberg wurde Ministerpräsident Hans Filbinger. Die CDU wuchs in der Folge auch zu einer Mitgliederpartei im Stile der SPD heran. 1985 besaßen schon annähernd 100 000 Bürger des Landes ein Parteibuch der CDU. Vorläufig aber galt es, die Landtagswahl von 1972 zu bestehen; mit der Vereinigung zu einem einheitlichen Landesverband hatte die CDU dafür zweifellos günstigere Voraussetzungen geschaffen.

»Bayerische Verhältnisse«: Die Ära der CDU-Alleinherrschaft (1972–1992)

Nach einem harten Wahlkampf, in dem sich die regierenden Koalitionspartner gegenseitig nicht geschont hatten, wurde am 23. April 1972 ein neuer Landtag gewählt. Die politische Großwetterlage hatte sich inzwischen durch die im Herbst 1969 erfolgte Bildung der sozialliberalen Koalition in Bonn gegenüber der vorangegangenen Landtagswahl grundlegend verändert. Waren seinerzeit im Bund wie im Land gleichermaßen noch Große Koalitionen am Werke gewesen, herrschte nun in Baden-Württemberg trotz des gemeinsam durchgestandenen Ringens um die Verwaltungsreform ein politisches Klima, das vom Konflikt zwischen CDU und SPD geprägt war.

Die Mehrheit der Bevölkerung im deutschen Südwesten war gegen das neue Bündnis in Bonn eingestellt. Dabei spielte die Tatsache kaum eine Rolle, dass Kurt Georg Kiesinger mit der Wahl von Willy Brandt als einziger je aus dem Land stammender Bundeskanzler aus dem Amt gedrängt worden war. Als Motive überwogen vielmehr die Angst vor tiefgreifenden Interventionen des Staates, die Sorge um die Staatsfinanzen – der baden-württembergische Sozialdemokrat Alex Möller war im Sommer 1971 schließlich mit dieser Begründung als Bundesfinanzminister zurückgetreten! – sowie eine ausgeprägte Skepsis gegenüber jeder Form von Reformeuphorie. Die sozialliberale Bonner Koalition vermochte es deshalb nie – und nicht einmal bei der als Plebiszit über die Ostpolitik verstandenen Bundestagswahl vom Herbst 1972, die ihr doch deutschlandweit zum Triumph geriet, – eine Mehrheit der Wähler im deutschen Südwesten hinter sich zu bringen.

Während die FDP bei der Landtagswahl von 1972 einen regelrechten Absturz von 14,4 auf 8,9 % der Wählerstimmen erlebte, erreichte die SPD mit 37,6 % das beste Ergebnis, das ihr im Südwesten je beschieden war. Dem kam jedoch keinerlei Bedeutung zu, weil die CDU mit 52,9 % der Stimmen (und 65 von 120 Sitzen) eine glatte absolute Mehrheit errang. Vor dem Hintergrund der Stimmungslage einer Mehrheit im Lande war dies nicht weiter verwunderlich, und es war auch nicht verwunderlich, dass die CDU die absolute Mehrheit zu behaupten vermochte, solange in Bonn die sozialliberale Koalition regierte. Erstaunlich war aber doch, dass die Südwest-CDU diese Mehrheit noch zehn weitere Jahre lang verteidigen konnte, woraus eine politische Konstellation entstand, die bei vielen Beobachtern den Vergleich mit der viele Jahrzehnte währenden absoluten Dominanz der CSU in Bayern aufkommen ließ. Die CDU wurde 1972 jedenfalls zur schlechthin bestimmenden politischen Kraft in Baden-Württemberg, und sie ist es auch nach dem Verlust der absoluten Mehrheit im Jahre 1992 bis in die Gegenwart hinein recht eigentlich geblieben.

Dass seit 1972 eine absolute Mehrheit das Land dominierte, bedeutete freilich nicht, dass es während der beiden folgenden Jahrzehnte ohne Konflikte und Friktionen abgegangen wäre. Zwar war von der Opposition im Landtag auch nach dem Einzug der Grünen als dritter Oppositionspartei im Jahre 1980 nicht viel für die Regierenden zu befürchten, aber auch das Regieren mit einer dem ersten Anschein nach bequemen Parlamentsmehrheit war keineswegs einfach. Genügte in den vorangegangenen Regierungen meist schon der Hinweis auf Wünsche und Vorstellungen des oder der Koalitionspartner(s), um Disziplin in den eigenen Reihen herzustellen, galt es nun, den unterschiedlichsten ökonomischen und gesellschaftlichen Interessen innerhalb der Volkspartei CDU gerecht zu werden, den Konfessions- und Regionalproporz noch strenger zu wahren als vordem und schließlich auch den Ehrgeiz vieler auf ein Amt pochender Parteifreunde zu befriedigen. So entwickelten sich die eigene Fraktion bald zum wichtigsten Kontrolleur der Regierung und ihr jeweiliger Vorsitzender zum heimlichen Konkurrenten des Ministerpräsidenten. Auch wenn andere Ursachen zum Rücktritt von Hans Filbinger wie dem seiner Nachfolger in der Villa Reitzenstein beigetragen haben mögen, so war deren Bedeutung doch in allen Fällen eher vordergründig. Zurückgetreten sind alle Ministerpräsidenten Baden-Württembergs seit den 70er Jahren – freilich fast immer nach jeweils langer Regierungszeit – letztlich deswegen, weil sie den Rückhalt in der eigenen Fraktion verloren hatten. Und Nachfolger war in allen Fällen – lässt man das kurze Zwischenspiel Lothar Späths als Innenminister einmal beiseite – der Vorsitzende der CDU-Fraktion im Landtag.

Triumph und Fall eines Ministerpräsidenten (1972–1978)

Im Mai 1972 präsentierte Ministerpräsident Filbinger sein neues Kabinett. Das Ausscheiden des bisherigen Koalitionspartners eröffnete nun vielen CDU-Politikern die Möglichkeit, in Spitzenpositionen aufzurücken. Unter den Neulingen wurde in der Folgezeit Innenminister Karl Schiess am bekanntesten, weil der im Januar 1972 zwischen Bundeskanzler Brandt und den Ministerpräsidenten der Länder vereinbarte Extremistenbeschluss – auch Radikalenerlass genannt – in Baden-Württemberg von vielen mit bewusstem Hintersinn bald als Schiess-Erlass bezeichnet wurde. Mit Annemarie Griesinger im Ressort für Arbeit, Gesundheit und Soziales zog jetzt erstmals eine Frau in den Stuttgarter Ministerrat ein. Die Neuverteilung der Ämter im Frühsommer 1972 markierte darüber hinaus auch den Beginn der großen Karriere zweier Männer, die es jeweils bis zum Hausherrn in der Villa Reitzenstein bringen sollten. Beide hatten nicht das übliche (in den meisten Fällen juristische) Universitätsstudium absolviert, sondern eine Verwaltungsausbildung genossen und schon in sehr jungen Jahren politische Erfahrung gesammelt. Lothar Späth, der erst 1968 in den Landtag eingezogen war, wurde nun – noch nicht fünfunddreißigjährig – neuer Vorsitzender der CDU-Fraktion und als solcher bald nicht nur Mit-, sondern auch Gegenspieler des Ministerpräsidenten. Der nochmals zwei Jahre jüngere Erwin Teufel, Vorsitzender der Jungen Union und Bürgermeister von Spaichingen, erlangte das Amt eines politischen Staatssekretärs im Innenministerium. Mochte dies anfangs nur als Zuckerl für die CDU-Jugendorganisation gedacht gewesen sein, zeigte Teufel schon bald, dass mit seinem Einfluss in der Fraktion zu rechnen war. Ministerpräsident Filbinger trug dem dadurch Rechnung, dass er dem jungen Staatssekretär (nun im Landwirtschaftsressort) vier Jahre später als einzigem Sitz und Stimme im Kabinett zugestand.

Schwerpunkte der Landespolitik in der folgenden Legislaturperiode bildeten insbesondere der bereits erwähnte und tatsächlich energisch vorangetriebene Ausbau der beruflichen Bildung, die Sicherung der Energieversorgung und die Sorge um die innere Sicherheit. Der Ölpreisschock vom Spätherbst 1973 hinterließ auch in Baden-Württemberg tiefe Spuren. Einer drohenden Energielücke gedachte die Landesregierung insbesondere mit einem Ausbau der Kernenergie zu begegnen. Seit 1973 war vom Bau eines Atomkraftwerks im Breisgau die Rede. Nach längerer Prüfung bestimmte man als Standort das Dorf Wyhl nördlich des Kaiserstuhls. Einem zunächst positiven Bürgerentscheid im Ort selbst folgte dann jedoch schon 1975 ein heftiger, teilweise auch mit Gewalt ausgetragener Protest, an dem sich Bürger des Ortes und der näheren Umgebung ebenso beteiligten wie überregionale Organisationen. Wyhl wurde so zum Fanal einer neuen Umweltbewegung, in der nicht nur Chaoten und vermeintliche Radikale, sondern auch »brave« Bürger mitwirkten – ein Umstand, der in Stuttgart beträchtliche Irritationen auslöste. Der Protest wurde begleitet von langwierigen juristischen Auseinandersetzungen. Einem Entscheid des Verwaltungsgerichts Freiburg vom März 1977, mit dem die Baugenehmigung für das AKW aufgehoben wurde, folgte 1982 einen entgegen lautender Beschluss des Verwaltungsgerichtshofs Mannheim. Gleichwohl gab die Landesregierung im Sommer 1983 das Projekt Wyhl endgültig auf, wobei man sich auf die erheblich veränderte Energieprognosen berief.

Plakat gegen das geplante Atomkraftwerk in Wyhl.

Vor dem Hintergrund der realen Bedrohung durch den Terrorismus der RAF und einer eher vermeintlichen durch linksradikale politische Kräfte, sind die Bemühungen der Regierung Filbinger zu sehen, den Polizeiapparat zu verstärken und zu modernisieren. Tatsächlich wurde die Polizeidichte erhöht und die Ausrüstung verbessert. Eine konsequente Anwendung des Radikalenerlasses sollte ferner verhindern, dass Kommunisten und Linksradikale als Beamte in den Dienst des Staates gelangten. Die Landesregierung von Baden-Württemberg hat deshalb allen seit 1975 unternommenen Versuchen der sozialliberalen Bundesregierung, den Radikalenerlass abzumildern oder doch wenigstens für eine einheitliche Anwendung in allen Bundesländern zu sorgen, stets eine Absage erteilt und viel länger als andere Bundesländer an der Regelanfrage beim Verfassungsschutz vor Einstellung von Beamtenanwärtern festgehalten. Die Praxis der

Anwendung unterschied sich in Baden-Württemberg freilich nicht so sehr von derjenigen, die in anderen Bundesländern und hier insbesondere in den Stadtstaaten geübt wurde. Bis 1994, als die Regelanfrage endgültig entfiel, sind im Südweststaat insgesamt nur 242 Ablehnungen ausgesprochen und 42 Beamte entlassen worden. Der bürokratische Aufwand für dieses doch eher magere Ergebnis war freilich gewaltig gewesen und hatte überdies nicht nur viel Ungemach über die Betroffenen gebracht, sondern auch in erheblichem Maße für politische Verunsicherung bis weit in die Kreise etablierter demokratischer Parteien hinein gesorgt. Die 70er Jahre waren dergestalt, was das politische Klima anlangte, nicht eben eine Zeit, in der sich der deutsche Südwesten mit dem für ihn doch sprichwörtlichen Epitheton »liberal« hätte schmücken können. Ein von Konservativen wie linken Kritikern gleichermaßen und vielfach geübter Verbalradikalismus und die dadurch bewirkten gegenseitigen Fehlperzeptionen hatten dazu entscheidend beigetragen. Wurden kritische Geister von konservativer Seite als »geistige Urheber des Terrorismus« oder (was eher noch günstiger war) als »Handlanger Moskaus« bezeichnet, so galten Ministerpräsident Filbinger und seine Entourage bei Linken und Linksliberalen umgekehrt als »Faschisten« oder doch zumindest als »faschistoid«.

Unter das Stichwort Verbalradikalismus könnte man auch den Slogan »Freiheit oder Sozialismus« subsumieren, mit dem die CDU den Landtagswahlkampf von 1976 bestritt, und der für die Bundestagswahl im Herbst dieses Jahres mit »Freiheit statt Sozialismus« sogar noch weitergehend akzentuiert wurde. Von Sozialismus, den die Bundesregierung etwa zu verwirklichen gesucht hätte, konnte eigentlich nie, aber erst recht nicht nach dem Wechsel im Kanzleramt von Willy Brandt zu Helmut Schmidt im Mai 1974 die Rede sein. Gleichwohl verfing das Motto beim erfolgsgewohnten südwestdeutschen Publikum, das durch den Ölpreisschock und die dadurch ausgelöste erste ernsthafte Wirtschaftskrise in der Geschichte der Bundesrepublik in besonderem Maße verunsichert war. Die CDU gewann bei der Wahl am 4. April 1976 56,7 % der Wählerstimmen und 69 der 70 Direktmandate. Ihren 71 Abgeordneten standen im neuen Landtag nurmehr 50 der Opposition gegenüber – 41 der SPD und 9 der FDP. Der christdemokratische Triumph im Land war total, und jetzt war endgültig von »bayerischen Verhältnissen« die Rede. Bei der Wahl zum Bundestag wenige Monate später verfing die polarisierende Wahlparole der CDU freilich nicht. Sie scheint im Gegenteil den Ergebnissen der seriösen Wahlforschung zufolge eher die Gegner der CDU zur Stimmabgabe mobilisiert zu haben. Die Bildung der dritten Regierung Filbinger verlief unspektakulär. Nachdem sich Lothar Späth der Bitte des Ministerpräsidenten, in das Kabinett einzutreten, verweigert hatte, setzte die Regierung ihre Arbeit in praktisch unveränderter Zusammensetzung fort.

Große Wahltriumphe sind nicht immer geeignet, den Sieger für lange Zeit in eine unangreifbare Stellung zu versetzen. Konrad Adenauer geriet schon zwei Jahre nach dem triumphalen Wahlsieg von 1957 in den heftigen Strudel der Präsidentschaftskrise. Bei Willy Brandt verging gerade ein Jahr nach dem großen Wahlerfolg von 1972, bis er den Rückhalt in Partei und Fraktion der SPD wegen der Öl- und Wirtschaftskrise zu verlieren begann. Hans Filbinger sollte es nicht besser ergehen, obwohl er in weiser Vorausahnung Kultusminister Hahn schon im Spätherbst 1977 zum Amtsverzicht aufgefordert hatte, um im Rahmen eines großen Kabinettsrevirements den Fraktionsvorsitzenden Späth zum Innenminister zu berufen und dergestalt in die Kabinettsdisziplin zu zwingen. Hahn nannte es später Filbingers »großen Irrtum«, dass »er glaubte, seinen Führungsanspruch gegenüber den jungen nachdrängenden Kräften in der Fraktion dadurch beweisen zu müssen, dass er sich mit jüngeren Leuten im Kabinett umgab.« Im Januar 1978 wiederholte der Ministerpräsident seine Forderung nach einem Rücktritt Hahns in ultimativer Form. Als dieser nicht reagierte, berief er im Februar eine gemeinsame Sitzung von Fraktion und Parteivorstand nach

Pforzheim ein, auf der nach langen Beratungen beschlossen wurde, Innenminister Schiess sofort durch Lothar Späth zu ersetzen und dem Kultusminister noch eine Schonfrist bis zum 11. Mai 1978 zu gewähren. Zum neuen Fraktionsvorsitzenden wurde Erwin Teufel designiert. Kultusminister Wilhelm Hahn, der zuletzt vergeblich für die Erhaltung der Verfassten Studentenschaft eingetreten war und sich gegen weitere Stellenkürzungen an den Universitäten ausgesprochen hatte, erklärte wie verabredet nicht ohne Bitterkeit in seinen Abschiedsworten im Mai seinen Rücktritt. Gegen seinen Rat wurde das Kultusministerium mit seinem riesigen Etat nun in ein Ministerium für Kultus und Sport und ein solches für Wissenschaft und Kunst geteilt. Dabei ist es bis heute geblieben.

Ministerpräsident Filbinger sollte den Abgang seines Stellvertreters und Kultusministers politisch nicht lange überleben. Mit einem Artikel des Schriftstellers Rolf Hochhuth, der im Februar 1978 in der ZEIT erschien, holte ihn seine Vergangenheit als Marinerichter im Zweiten Weltkrieg ein. Hochhuth warf Filbinger in Übereinstimmung mit den Tatsachen vor, noch am 29. Mai 1945 – schon in britischer Kriegsgefangenschaft – einen Matrosen-Obergefreiten wegen Gehorsamsverweigerung und Widersetzung zu sechs Monaten Gefängnis verurteilt zu haben, und bezeichnete ihn deshalb als »furchtbaren Juristen«. Wahrscheinlich wäre der Artikel folgenlos geblieben, zumal der Fall schon sechs Jahre zuvor vom SPIEGEL publik gemacht worden war, hätte der Ministerpräsident nicht ein Verfahren vor dem Landgericht Stuttgart angestrengt. Zwar konnte er sich dort mit seinem Begehren auf Unterlassung durchsetzen, das Gericht bezeichnete die von Hochhuth gewählte Formulierung »furchtbarer Jurist« jedoch als zulässige Meinungsäußerung. Am 15. Mai 1978 gewährte Filbinger Redakteuren des SPIEGELS und der ZEIT ein Interview, aus dem die Journalisten danach den verhängnisvollen Satz zitierten, wonach »was damals Rechtens war, […] heute nicht Unrecht sein« könne. Filbinger dementierte zwar, dass er den Satz jemals so formuliert habe, das Diktum war jedoch in der Welt und wurde geradezu begierig aufgegriffen und kolportiert. Als das Fernsehmagazin PANORAMA Anfang Juli enthüllte, dass Filbinger gegen Ende des Krieges an mehreren Todesurteilen – freilich alle in Abwesenheit der Angeklagten – beteiligt gewesen sei, begann die bis dahin ostentativ zur Schau gestellte Solidarität in der CDU-Fraktion zu bröckeln. Lothar Späth sprach jetzt von »kritischer Solidarität«. Bald darauf fiel die Entscheidung. Auf Druck der eigenen Partei und Fraktion erklärte der Ministerpräsident am 7. August 1978 seinen Rücktritt, nicht ohne zu erklären, Opfer einer »Rufmordkampagne« geworden zu sein. An dieser Einschätzung hat er, dem noch ein langes Leben beschieden war, bis zum Schluss ohne jedes Verständnis für die kritische Sicht auf sein Wirken als Marinerichter festgehalten. Aber auch in der Öffentlichkeit verfestigte sich das im Sommer 1978 entstandene durch und durch negative Bild; eine sachliche Aufarbeitung und Differenzierung des Falls hat nach dem Rücktritt breitenwirksam niemals stattgefunden. Noch für Günther Oettinger, Filbingers dritten Nachfolger im Amt, resultierte daraus ein peinlicher Gesichtsverlust, als er sich in seiner am 11. April 2007 in Freiburg gehaltenen Trauerrede dazu verstieg, den eben verstorbenen Alt-Ministerpräsidenten als Gegner des Nationalsozialismus zu bezeichnen und somit in die Nähe des Widerstands zu rücken. Sofort wurde Protest in der Öffentlichkeit laut, und Bundeskanzlerin Angela Merkel erteilte ihrem Parteifreund Oettinger gar einen scharfen Verweis. Dem Regierungschef Baden-Württembergs blieb es daraufhin nicht erspart, sich öffentlich entschuldigen zu müssen.

Das Land im Fadenkreuz der RAF-Terroristen

Die vergiftete politische Atmosphäre in Baden-Württemberg, das Klima gegenseitiger Verdächtigung, das in den 70er Jahren im Lande herrschte, ging in hohem Maße auf den zeitgenössischen

Linksterrorismus durch die Rote-Armee-Fraktion (RAF) zurück. Aus mehreren Gründen war Baden-Württemberg davon stärker betroffen als andere Bundesländer. Zum einen stammten prominente Terroristen wie Gudrun Ensslin und Christian Klar aus dem Lande, zum anderen aber auch prominente Opfer wie Hanns-Martin Schleyer. Wesentlich bedeutsamer war jedoch, dass die wichtigsten Anschlagsziele der RAF – die Bundesanwaltschaft in Karlsruhe und das Heidelberger Hauptquartier der US-Streitkräfte – auf dem Territorium Baden-Württembergs lagen. Schließlich wurden hier auch die wichtigsten Prozesse gegen die Terroristen geführt, nachdem die Landesregierung im März 1974 ihre Bereitschaft erklärt hatte, sie durchzuführen, obwohl dafür auch andere Bundesländer durchaus in Frage gekommen wären.

In Baden-Württemberg begann die hohe Zeit des RAF-Terrorismus im Mai 1972 mit Anschlägen auf den Bundesrichter Wolfgang Buddenberg in Karlsruhe und eine US-Kaserne in Heidelberg, bei dem drei Soldaten getötet wurden. Schon im folgenden Monat konnten die Hauptverdächtigen Andreas Baader, Ulrike Meinhof, Gudrun Ensslin und Jan-Carl Raspe an verschiedenen Orten der Bundesrepublik festgenommen und in einen Hochsicherheitstrakt

des Gefängnisses Stuttgart-Stammheim verbracht werden. Nach dem Bau eines eigenen Gerichtsgebäudes für immerhin 16 Millionen DM in unmittelbarer Nähe der Haftanstalt begann dort am 21. Mai 1975 der Prozess gegen die Inhaftierten, der am 28. April 1977 mit ihrer Verurteilung wegen Mordes und Bildung einer kriminellen Vereinigung endete. Ulrike Meinhof hatte ihrem Leben schon zuvor in der Nacht vom 8. auf den 9. Mai 1976 ein Ende gesetzt, was verschiedentlich Kritik an den Haftbedingungen und überhaupt den Verhältnissen im Stammheimer Gefängnis erweckte.

Im Jahr nach dem Tod Meinhofs kam jedoch alles noch viel schlimmer. Am 7. April 1977 wurde zunächst Generalbundesanwalt Siegfried Buback von einem fahrenden Motorrad aus in seinem Wagen an einer belebten Kreuzung mitten in der Karlsruher Innenstadt ermordet. Zusammen mit ihm starben sein Fahrer und ein Mitglied des Begleitpersonals. Wer die eigentliche Mordtat begangen hat, blieb bis heute ungeklärt, auch wenn später mehrere Beteiligte dafür verurteilt wurden – so Günther Sonnenberg 1978, Knut Folkerts 1980 und Christian Klar, der sich bis 1982 der Verhaftung entziehen konnte, im Jahr 1985. Noch im selben Schreckensjahr 1977 wurde am 5. September Arbeitgeber-Präsident Hanns-

Justizvollzugsanstalt Stuttgart.

Martin Schleyer in Köln entführt. Dabei starben vier Personen seiner Begleitung. In Stammheim trat daraufhin sofort eine Kontaktsperre für die einsitzenden Terroristen in Kraft. Die rechtliche Grundlage hierfür schuf erst ein eilends verabschiedetes Bundesgesetz vom 2. Oktober.

Weil sich die Bundesregierung nicht auf die Forderung der Schleyer-Entführer nach Entlassung der gefangenen Terroristen einließ, wurde am 13. Oktober 1977 eine Lufthansa-Maschine über dem Mittelmeer entführt und über Aden im Südjemen, wo der Pilot ermordet wurde, schließlich zur Landung in die somalischen Hauptstadt Mogadischu gelenkt. Der Bonner Krisenstab unter Leitung von Bundeskanzler Helmut Schmidt entschloss sich daraufhin zu einer riskanten Aktion und ließ die Maschine kurz nach Mitternacht am 18. Oktober durch die Sondereinheit GSG 9 stürmen. Dabei konnten alle Geiseln befreit werden. Trotz der Kontaktsperre erfuhren die Stammheimer Häftlinge offenbar sofort vom Scheitern der zu ihrer Befreiung unternommenen Entführung. Sie richteten sich daraufhin selbst – zum Teil mit Schusswaffen, die trotz strengster Sicherheitsmaßnahmen zuvor ins Gefängnis hatten geschmuggelt werden können. Baader und Ensslin fand man am Morgen des 18. Oktober 1978 tot vor, Raspe, der jedoch bald darauf ebenfalls starb, und Ingrid Möller schwer verletzt. Die französische Polizei entdeckte die Leiche Hanns-Martin Schleyers am Abend des 18. im Kofferraum eines Autos in der Nähe von Mülhausen im Elsass. Justizminister Traugott Bender, Sohn des vormaligen evangelischen Landesbischofs von Baden Julius Bender, übernahm die politische Verantwortung für die Sicherheitspannen in Stammheim und trat am 20. Oktober 1977 von seinem Amt zurück. Er ist nur zwei Jahre später eines vorzeitigen Todes gestorben.

Auch wenn mit den Stammheimer Selbstmorden das dramatischste Kapitel des RAF-Terrorismus abgeschlossen war, blieb Baden-Württemberg noch bis weit in die 1980er Jahre hinein von

Anschlägen nicht verschont – so 1981 auf US-General Frederick Kroesen in Heidelberg und 1985 auf einen Einkaufsmarkt in der Nähe von Tübingen zum Raub von Bargeld, um die Fortsetzung des »Kampfes« zu finanzieren. Erst in den späteren 90er Jahren endete auch in Baden-Württemberg die Gefahr, die vom politisch motivierten Linksterrorismus ausging, und damit ein ebenso schreckliches wie hässliches Kapitel südwestdeutscher Nachkriegsgeschichte.

Aufbruch und neue Dynamik unter Lothar Späth (1978–1989)

»Der ganze Scheiß fliegt raus! Oskar Spechts Arm sichelte waagrecht durch die Luft.[...] Wie er dastand, angelehnt an den ungeliebten Empire-Schreibtisch, Hände in den Hosentaschen, Beine übereinandergeschlagen, fröhlich und pfiffig, dabei vor Unruhe bis in die Schuhspitzen wippend, glich er einem Manager, der, kaum daß er eine Firmenübernahme abgeschlossen hat, schon die nächste plant.« Mit diesen Worten schildert Manfred Zach in seinem kaum verschlüsselten Schlüsselroman »Monrepos« den Einzug Lothar Späths als neuer Hausherr in die Villa Reitzenstein. Und in der Tat, es sollte sich Alles radikal ändern – nicht unbedingt im größten Teil der politischen Inhalte, aber doch sehr deutlich im Stil, in dem Politik in Baden-Württemberg betrieben wurde.

Nachdem er im parteiinternen Wettstreit den populären Stuttgarter Oberbürgermeister Manfred Rommel aus dem Felde geschlagen hatte – im Landesvorstand der CDU denkbar knapp, in der Fraktion als deren bis wenige Monate zuvor amtierender Vorsitzender aber doch mit deutlichem Abstand –, wurde Lothar Späth am 30. August 1978 im Landtag zum neuen Ministerpräsidenten von Baden-Württemberg gewählt. Er beließ die Ministerrunde weitgehend unverändert, versetzte jedoch den politischen Zieh-

Ministerrat unter Lothar Späth 1985.

sohn seines Vorgängers Gerhard Mayer-Vorfelder, den einzigen Staatssekretär mit Sitz und Stimme im Kabinett, vom Staats- ins Finanzministerium. Mayer-Vorfelder, der anfangs als potentieller Rivale des Ministerpräsidenten galt, blieb in der Folge dauerhaft in die Kabinettsdisziplin eingebunden. Er wurde 1980 Minister für Kultus und Sport, 1991 nach Späths Abgang Finanzminister. Popularität bei einem breiten Publikum erlangte er jedoch weniger als Politiker denn als langjähriger Vereinsvorsitzender des VfB Stuttgart und nach dem Abschied von der Politik schließlich als Präsident des Deutschen Fußballbunds. Herrschte auf der Regierungsbank bei Späths Amtsantritt dergestalt weitgehende Kontinuität, zog es der erst vierzigjährige Regierungschef vor, in seiner unmittelbaren Umgebung vorwiegend jüngere Mitarbeiter zu beschäftigen. Sie schienen ihm wohl so recht geeignet, die Aura omnipotenter Jugendlichkeit, ungebrochener Schaffenskraft und rastloser, vorwärtsdrängender Dynamik, die von ihm selbst ausging, noch zu verstärken.

Tatsächlich hat es Lothar Späth in den folgenden Jahren verstanden, ein großes Publikum nicht nur in Baden-Württemberg mit seiner Weltoffenheit, Liberalität und Modernität zu beeindrucken, ohne doch die klassischen CDU-Wähler zu verprellen. Diese wurden bei den Wahlkämpfen jeweils auch mit den Themen innere Sicherheit und Begrenzung des Zuzugs von Ausländern bedacht, derweil zwischen den Wahlen der Hauptfocus auf die wirtschaftliche Weiterentwicklung des Landes gerichtet wurde. Auf diese Weise gelang es der CDU unter Späth, dreimal hintereinander – 1980, 1984 und 1988 – allerdings mit abnehmender Tendenz (von 53,4 über 51,9 auf zuletzt 49,0 %) die absolute Mehrheit der Sitze zu erlangen. Diese Erfolge waren umso beachtlicher, als die Bundes-CDU seit Oktober 1982 mit Helmut Kohl den Kanzler stellte und als Bonner Regierungspartei wie üblich gewärtig sein musste, bei Landtagswahlen für Fehler und Versäumnisse, die man Bonn anlastete, abgestraft zu werden.

Die Opposition im Landtag hatte der Dynamik der christdemokratischen Regierung wenig entgegenzusetzen. Die SPD trat bei den drei Wahlen mit drei auch hinsichtlich ihrer Persönlichkeitsstruktur sehr verschiedenen Spitzenkandidaten an – 1980 noch einmal nach 1976 mit dem als Bundesminister gescheiterten Erhard Eppler, dessen scharfes Profil im Bereich der Friedens- und der Umweltpolitik von vielen im Lande als fundamentalistisch wahrgenommen wurde, 1984 mit dem soliden und bescheidenen, aber doch eher bieder wirkenden Lehrer Ulrich Lang und erst 1988 in Gestalt von Dieter Spöri mit einem Mann, der wenigstens hinsichtlich seiner Wirtschaftskompetenz als echter Herausforderer des Ministerpräsidenten gelten konnte. Ganz unabhängig von der Person des jeweiligen Spitzenkandidaten blieb das Ergebnis für die SPD erstaunlich konstant. Es bewegte sich in allen drei Wahlen bei 32 % oder ganz knapp darüber. Von der Chance, jemals stärkste politische Kraft zu werden oder doch zumindest eine Regierungskoalition zu führen, blieben die Sozialdemokraten somit auch als

Bonner Oppositionspartei in Baden-Württemberg anders als in anderen Bundesländern stets weit entfernt.

Die FDP begann, nachdem sie sich 1968 und 1972 noch jeder Koalition mit der CDU strikt verweigert hatte, schon 1975 bei ihrem Konstanzer Parteitag mit einer Art Auflockerung gegenüber den Christdemokraten. Zwar scheiterte der Landesvorsitzende Martin Bangemann hier noch mit seinem Vorschlag, die Koalitionsfrage bei der Wahl von 1976 ganz offenzuhalten, insofern eine Mehrheit beschloss, eventuelle Koalitionsverhandlungen zuerst mit der SPD zu führen, doch war der Weg eröffnet, den Bangemanns Nachfolger, der junge Karlsruher Landtagsabgeordnete Jürgen Morlok, vier Jahre später – also noch zu Zeiten der sozialliberalen Koalition in Bonn – mit größerem Erfolg beschritt. Über das Offenhalten von 1980 führte die weitere Entwicklung zu dem klaren Votum für eine Koalition mit der CDU von 1984, das seither immer wieder erneuert worden ist. Bei den Wahlen der 80er Jahre hat diese deutliche Kurskorrektur der FDP jedoch noch nichts genützt. Bürgerliche Wähler aus dem gewerblichen und freiberuflichen Mittelstand wurden nicht zurückgewonnen, das sozialliberal orientierte Bildungsbürgertum dagegen abgeschreckt. Das FDP-Ergebnis fiel deshalb von Wahl zu Wahl schlechter aus, bis man 1988 mit 5,9 % bei einem Tiefpunkt angelangt war. Morlok, der große Hoffnungen auf die Rückwirkungen des Bonner Koalitionswechsels von 1982 gesetzt hatte, zog daraus die Konsequenz, indem er 1984 zuerst den Vorsitz in der Fraktion, später auch den Parteivorsitz aufgab und mit Hilfe des Ministerpräsidenten neue Betätigungsfelder in der Wirtschaft suchte.

Die desaströsen Ergebnisse für die FDP während der 80er und frühen 90er Jahre hatten ihre Ursache auch darin, dass der früher so erfolgsgewohnten Partei mit den GRÜNEN inzwischen ein Konkurrent erwachsen war, dessen potentielle Wählerklientel nach Milieu und Sozialstruktur große Ähnlichkeit mit jenem der Liberalen (zumindest während der 60er und 70er Jahre) aufwies. Der Landesverband der GRÜNEN wurde im September 1979 in Sindelfingen, der Bundesverband im Januar 1980 in Karlsruhe gegründet. 1979 waren die GRÜNEN mit ihrer Wahl in die Bremische Bürgerschaft erstmals in ein deutsches Landesparlament eingezogen. Im März 1980 gelang ihnen mit dem knappen Überspringen der 5%-Hürde bei der Wahl zum Landtag von Baden-Württemberg erstmals der Einzug in das Parlament eines deutschen Flächenlandes. Sie konnten sich dort in der Folge gut behaupten, indem sie 1984 und 1988 schon jeweils um die 8% der Stimmen errangen. Die Wahl ihres ersten Landesvorsitzenden Wolf Dieter Hasenclever, der es mit seiner Nüchternheit zu einer gewissen – freilich nur ephemeren – Berühmtheit bringen sollte, gab schon die Richtung vor, in die sich die baden-württembergischen GRÜNEN inhaltlich bewegten. In ihrer Mehrheit vertraten sie eher wertkonservativ-pragmatische Positionen. Der überproportional hohe Anteil südwestdeutscher »Realo«-Grüner in Spitzenpositionen der Partei auf Bundesebene dürfte sich unter anderem daraus erklären. Und auch die bis in die Gegenwart hinein immer wieder auftauchenden Gedankenspiele mit einer schwarz-grünen Koalition in Baden-Württemberg sind sicherlich dem Umstand geschuldet, dass christdemokratische und grüne Positionen in vielen Sachfragen hier im Südwesten Deutschlands kompatibler erscheinen als anderswo.

Lothar Späth sah seine Aufgabe als Regierungschef von Anfang an hauptsächlich darin, den bis dahin noch immer behaupteten wirtschaftlichen Vorsprung Baden-Württembergs durch die staatliche Förderung von Innovationen und Technologietransfer auszubauen, dem gerade für das eigene Land so lebenswichtigen Export neue Märkte zu eröffnen und damit nicht nur dauerhaft Beschäftigung für die Menschen, sondern auch die finanziellen Grundlagen für die Gestaltung von Landespolitik zu sichern. Er verstand sich deshalb als Manager einer großen Baden-Württemberg-AG, und so war für ihn Wirtschaftspolitik der eigentliche Kern der Staatspolitik. Dies galt erst recht, seit 1981 die zweite Ölpreisrevolution, die in Bonn bekanntlich das Ende der sozialliberalen Ära einläutete, auch im Land zu dramatischen Steuerausfällen führte. Was folgte, war ein wahres Feuerwerk an staatlichen Initiativen zur Wirtschaftsförderung. 1982 wurde in Karlsruhe die erste Technologiefabrik in Deutschland überhaupt eröffnet, 1985 der Beschluss gefasst, sieben weitere derartige Institutionen zu errichten, in denen neue Technologien bis zur Produktionsreife gebracht werden sollten. Ebenfalls seit 1982 wurden unter Beteiligung hunderter namhafter Wissenschaftler mehrere große Kongresse mit der Aufgabe veranstaltet, die Zukunftschancen des Landes auszuloten und Wege zu deren bestmöglicher Nutzung zu weisen.

Aber auch konkrete Projekte der Wirtschaftsförderung standen auf dem Plan. Es war der Ministerpräsident persönlich, der die Daimler-Benz AG dazu brachte, ihr neues Werk zur Produktion der A-Klasse in Rastatt zu errichten und dafür ergangene großzügige Angebote aus Frankreich und Norddeutschland auszuschlagen. Die in diesem Zusammenhang zugesagten staatlichen Subventionen für die Erschließung des Geländes und die damit einhergehenden Umweltprobleme trugen ihm freilich auch massive Kritik nicht nur von Seiten der Opposition ein. Als sich der Regierungschef in einer anderen Angelegenheit für den mächtigen Daimler-Benz-Konzern einsetzte, geriet ihm dies dann tatsächlich zu einer seiner mit zunehmender Amtsdauer häufiger werdenden Niederlagen. Im März 1987 entschied das Bundesverfassungsgericht auf die Klage von fünfzehn betroffenen Landwirten hin, dass die von den Stuttgarter Autobauern geplante Teststrecke in Boxberg, einer kleinen Stadt im strukturschwachen Bauland, ohne ein eigens verabschiedetes Enteignungsgesetz nicht gebaut werden dürfe. Konzern und Ministerpräsident mussten den Plan daraufhin aufgeben.

Große Beachtung in ganz Deutschland fanden die zahlreichen Reisen, die Lothar Späth meist in Begleitung großer Wirtschaftsdelegationen ins Ausland unternahm. Der Ministerpräsident war sich nie zu schade, wo es ging, den »Türöffner« zu spielen, überall in der Welt jeden noch so lockeren Kontakt zu nutzen, um den

Firmen seines Landes zu neuen oder größeren Aufträgen zu verhelfen. Er setzte damit die Erkenntnisse einer eigens eingerichteten Expertenkommission »Exportförderung Baden-Württemberg« mit niemals nachlassender Energie zielgerichtet um. Auch bei der Einrichtung eines eigenen Landesbüros am Sitz der EG-Institutionen in Brüssel, deren Hauptzweck natürlich in der Erschließung der einschlägigen Subventionstöpfe bestand, spielten die Interessen der Exportwirtschaft eine Rolle – ebenso wie für die Regionalpartnerschaften, die Baden-Württemberg Ende der 80er Jahre knüpfte. Dass dabei mit der Lombardei in Italien, Katalonien in Spanien und der französischen Region Rhone-Alpes ökonomisch besonders potente Partner ausgesucht wurden, ergab sich schon aus dem Selbstverständnis des Landes.

Freilich, der Südweststaat wies auch erhebliche Defizite in wichtigen Bereichen auf. Ministerpräsident Späth erkannte sie mit dem untrüglichen Gespür dessen, der sich notorisch unterschätzt glaubt, und suchte sie zu beseitigen. Nach Kiesinger war er der zweite Regierungschef des Landes, dessen ganzes Sinnen und Trachten darauf gerichtet war, das Land zu »entprovinzialisieren«, ihm die Achtung und Aufmerksamkeit in der deutschen und internationalen Öffentlichkeit zu sichern, die seiner wirtschaftlichen Stellung entsprach. Aber ausgerechnet beim größten Defizit im Bereich der Wirtschaftsstruktur – dem Bankensystem des Landes – gelang ihm der erstrebte Durchbruch nicht. Anders als Hessen, Bayern und Nordrhein-Westfalen gab es in Baden-Württemberg nur relativ kleine Institute, aber keine einzige Großbank. Da sich aber wirtschaftliche Macht (und keineswegs nur sie) bei den Großbanken konzentriert, befanden sich die Entscheidungsträger in Wirtschaft und Politik des Landes in einer als immer unerträglicher empfundenen Abhängigkeit von Schaltzentralen, die außerhalb des Landes lagen. Späth verkündete deshalb 1985 einen Plan zur Bankenfusion. Indes, die große Lösung scheiterte schon an der Weigerung des Verwaltungsrats der *Landesgirokasse.* Wenigstens gelang es noch, die Spitzeninstitute der Sparkassen in Baden und Württemberg mit Jahresbeginn 1989 zur *Südwestdeutschen Landesbank* zu vereinigen. Wie in vielen anderen Bereichen sollte auch hier das angestrebte Ziel erst in der Regierungszeit des Nachfolgers in der Villa Reitzenstein erreicht werden.

Ein zweites wichtiges Defizit des Landes, das auch die wirtschaftliche Leistungsfähigkeit bis in die Gegenwart hinein berührt, ergab sich aus den Schwächen seiner Verkehrs-Infrastruktur. Hier waren die Versäumnisse der 70er Jahre wegen des enger gewordenen Finanzspielraums in den 80ern nicht aufzuholen. Beim Bahnbau immerhin gelang es, vielfältige Widerstände zu überwinden, und die Schnellbahntrasse zwischen Mannheim und Stuttgart als den beiden wichtigsten Wirtschaftsstandorten bis 1992 fertigzustellen. Im Straßenbau – und hier insbesondere beim Bau von Autobahnen – blieb das Land jedoch weit hinter anderen Bundesländern zurück. Bezogen auf die Fläche erreichte die Autobahndichte im Südweststaat zu Beginn des neuen Jahrtausends nicht einmal die Hälfte des Wertes von Nordrhein-Westfalen und nur knapp zwei Drittel jenes von Hessen, ja sie blieb sogar hinter der Bayerns mit seiner ungleich geringeren Bevölkerungs- und Verkehrsdichte zurück. Die Ursache für diesen Rückstand lag nicht nur in der kaum irgendwo Raum lassenden dichten Siedlungsstruktur des Landes mit seinen vielen direkt ineinander übergehenden Gemeinden, sondern vor allem auch darin, dass die vom Straßenbau (wie auch anderen Infrastrukturprojekten) unmittelbar betroffene Bevölkerung in Südwestdeutschland hartnäckiger gegen jede Veränderung ihres Lebensumfelds zu kämpfen gewohnt war (und ist) als fast überall in Deutschland. Die im Grunde konservative Mentalität führte hier immer wieder zur Verteidigung grün-ökologischer Positionen.

Wie schon Kurt Georg Kiesinger entdeckte Lothar Späth in seinen späteren Jahren die Kultur als weiteren Bereich, um Baden-Württemberg Geltung verschaffen. Einige der unter seiner Ägide entwickelten Projekte reiften – wie das *Landesmuseum für Technik und Arbeit* in Mannheim, das 1990 eröffnet werden konnte, und das *Zentrum für Kunst und Medientechnologie* in Karlsruhe, das 1989 seine Arbeit aufnahm und 1997 eigene Räume in einer ehemaligen Munitionsfabrik bezog. Beide Institutionen fanden viel Beachtung weit über die Grenzen Baden-Württembergs hinaus; sie litten aber recht bald daran, dass ihre Initiatoren schon kurze Zeit nach der Eröffnung das Interesse daran verloren, was sich in zum Teil drastischen Mittelkürzungen niederschlug. Publikum und Medien reagieren auf die Ankündigung von Projekten und auf deren Anfänge in Form von Eröffnungen und Einweihungen; ob aber solche neuen Institutionen anschließend auch reibungslos funktionieren, interessiert sie nicht. Insofern handeln Politiker, die dem Schmieden von neuen Projekten den Vorzug vor einer zureichenden Alimentierung bestehender Institutionen geben, zweckrational. Lothar Späth, so viel kann gesagt werden, war ein Meister dieser Art von Zweckrationalität. Und von daher ist auch zu verstehen, dass manche seiner weiteren Kulturprojekte wie das Sammlermuseum in Stuttgart oder die Show-Schule unter der Direktion von Catherina Valente niemals reiften. Als besonders bitter dürfte er es jedoch empfunden haben, dass eines seiner wichtigsten Projekte – die Fusion der öffentlich-rechtlichen Rundfunkanstalten im Lande – in seiner Amtszeit nicht zustande kam.

Presse und Rundfunk in Baden-Württemberg

Bleibende Ergebnisse zeitigte die ehrgeizige Reformpolitik der amerikanischen Besatzungsmacht nach Kriegsende einzig und allein im Bereich von Presse und Rundfunk. Nur hier gelang es der US-Militärregierung, deutsche Traditionen gründlich und dauerhaft zu brechen. So wurde die in den Weimarer Jahren sehr lebendige Tradition der Parteipresse nach 1945 ebenso wenig wiederbelebt wie jene eines staatlich gelenkten Rundfunks.

Parteizeitungen, mit deren Verkauf die Arbeit der politischen Parteien vor 1933 in der Hauptsache finanziert worden war, erhielten trotz des Drängens der deutschen Politiker in der amerikanischen Zone überhaupt keine, in der französischen erst mit Verzögerung eine Zulassung, ohne sich aber auch hier auf Dauer am Markt behaupten zu können. So setzte sich im ganzen Gebiet des späteren Landes Baden-Württemberg das von den Amerikanern verfochtene Prinzip der Lizenzpresse schließlich durch. Die von der jeweiligen Besatzungsmacht lizenzierten Zeitungen hatten demzufolge parteipolitisch neutral zu sein, streng zwischen Berichterstattung und Meinungskommentaren zu unterscheiden und von einem Herausgeber-Gremium geleitet zu werden, dem Mitglieder (möglichst vieler) konkurrierender Parteien angehören. Als erste derartige Zeitung wurde am 5. September 1945 in Heidelberg die *Rhein-Neckar-Zeitung* lizensiert Als Lizenznehmer fungierten in diesem Falle der Liberale Theodor Heuss, der Sozialdemokrat Helmut Knorr und der Kommunist Rudolf Agricola. Am 17. September 1945 folgte die Lizenzvergabe an Josef Eberle, Henry Bernhard und Karl Ackermann für die *Stuttgarter Zeitung,* der die Besatzungsmacht zur Verhinderung eines Monopols in der größten Stadt des Landes im November 1946 die *Stuttgarter Nachrichten* als Konkurrenz zur Seite stellte. Schon vorher waren im Verlaufe des Jahres 1946 die *Badischen Neuesten Nachrichten* in Karlsruhe, die *Heilbronner Stimme* und der *Mannheimer Morgen* lizensiert worden.

In der französischen Zone wurde die erste Lizenz schon Anfang August 1945 in Baden-Baden für das *Badener Tagblatt* (später *Badisches Tagblatt*) vergeben. Ende des Monats folgte die Lizenz für den Betrieb des *Südkuriers* in Konstanz, im September die Zulassung der *Freiburger Nachrichten*, die seit Februar 1946 als *Badische Zeitung* firmierte. In Württemberg-Hohenzollern waren die wichtigsten Zeitungen mit einem relativ großen Verbreitungsgebiet der *Schwarzwälder Bote* aus Oberndorf und die *Schwäbische Zeitung* aus Leutkirch. Lizenzträger waren hier wie in Baden im Unterschied zur amerikanischen Zone, wo stets nur Herausgeberkollegien zugelassen wurden, in den meisten Fällen Einzelpersonen. So konnten auch Altverleger – wie Heinrich Rombach in Freiburg – zum Zuge kommen.

Die während der Besatzungszeit formierte Presselandschaft in Baden-Württemberg blieb in der Folge ziemlich stabil. Erst in jüngster Zeit haben sich mit dem Einbruch der neuen Medien und dem Siegeszug des Internet ökonomisch bedingte Verwerfungen ergeben, die aus dem Rückgang der Abonnentenzahlen wie dem des Anzeigenvolumens resultieren. Gleichwohl beherrschen noch immer die großen Regionalzeitungen (oft mit vielen lokalen Mantelausgaben) das Feld. Von diesen hat jedoch keine jemals Bedeutung im nationalen Rahmen – wie etwa die beiden Frankfurter Blätter oder die *Süddeutsche Zeitung* in München – zu erlangen vermocht.

Den Rundfunk betrieb die amerikanische Besatzungsmacht als *Radio Stuttgart* zunächst selbst. Wegen der Unvereinbarkeit der deutschen und der amerikanischen Vorstellungen im Bezug auf den Rundfunk dauerte es mehrere Jahre, ehe die Verantwortung in deutsche Hände übergehen konnte. Ministerpräsident Reinhold Maier gedachte anfangs getreu der deutschen Tradition, den Rundfunk in staatlicher Regie zu führen und die Verantwortung dafür beim Staatsministerium anzusiedeln, während der rein technische Betrieb der Post übertragen werden sollte. Demgegenüber beharrten die Amerikaner auf dem Standpunkt, dass der Rundfunk von jedem Staatseinfluss frei zu halten sei. Daher lehnten sie Maiers Pläne im März 1946 rundheraus ab, zeigten sich aber darin mit der Landesregierung einig, dass der Rundfunk auch nicht in der Form eines kommerziellen Privatsenders betrieben werden dürfe. Es folgten drei Jahre härtester Auseinandersetzungen zwischen deutschen Politikern und der Besatzungsmacht, in deren Verlauf mehrere vom Stuttgarter Landtag verabschiedete Rundfunkgesetze von der Militärregierung verworfen wurden. Erst im Frühjahr 1949 kam ein Kompromiss zustande. Er trug deutlich die Handschrift der Amerikaner. Demnach berief der Landtag fünf Vertreter in den insgesamt dreißigköpfigen Rundfunkrat und zwei von sieben Mitgliedern des Verwaltungsrats, derweil die Landesregierung ohne einen Repräsentanten blieb, nachdem sie es zuletzt trotzig abgelehnt hatte, den ihr ursprünglich zugedachten einzigen Sitz im Rundfunkrat einzunehmen. Am 22. Juli 1949 ging *Radio Stuttgart* danach als *Süddeutscher Rundfunk* mit der Zuständigkeit für das Land Württemberg-Baden in deutsche Hände über.

In der französischen Zone konnte beim Rundfunk im Unterschied zur amerikanischen 1945 nirgends an bestehende Strukturen angeknüpft werden. Die beiden südlichen Länder wurden daher anfangs mit Billigung der Amerikaner von *Radio Stuttgart* mitversorgt. Erst am 31. März 1946 nahm der *Südwestfunk* in Baden-Baden den Sendebetrieb auf. Aus Gründen der Finanzierbarkeit war diese ganz neue Anstalt von Beginn an als zonale Institution konzipiert und also auch für das Land Rheinland-Pfalz zuständig. Das Sendegebiet erstreckte sich somit vom Westerwald bis zum Bodensee. Das Land Baden erhielt schon im August 1946 ein eigenes Landesstudio in Freiburg, Württemberg-Hohenzollern dagegen erst 1950 mit Sitz in Tübingen. Eine gesetzliche Grundlage für die Arbeit des Südwestfunks fehlte noch für lange Zeit. Erst 1948/49 erließ die französische Militärregierung die entsprechenden Bestimmungen, wobei sie sich weitgehend am öffentlich-rechtlichen Organisationsmodell der Briten und Amerikaner orientierte. Ein im August 1951 abgeschlossener Staatsvertrag zwischen den Ländern Rheinland-Pfalz, Baden und Württemberg-Hohenzollern, der am 1. Mai 1952 (also schon nach der Gründung des Landes Baden-Württemberg) in Kraft trat, bildete schließlich den Schlussstein im Rechtsgefüge, auf dessen Basis der *Südwestfunk* künftig als Zwei-Länder-Anstalt operierte. So blieb die territoriale Zuständigkeit und Organisation des Rundfunks noch für lange Zeit das auffälligste Relikt der Besatzungszeit.

Erst die neuen technischen Möglichkeiten, die das Kabelfernsehen eröffnete, brachten Bewegung in die erstarrte Rundfunkorganisation im deutschen Südwesten. Am 1. Januar 1985 nahm als Pilotprojekt das private Kabelfernsehen in Ludwigshafen und Mannheim seinen Betrieb auf. Nach langen Verhandlungen einigten sich die Ministerpräsidenten der Länder im März 1987 auf einen Medienstaatsvertrag, in dem die Eckwerte für die Zulassung privater Veranstalter und die Finanzierung des Privatfernsehens über Werbung festgelegt wurden. Die konkrete Ausgestaltung des rechtlichen Rahmens blieb freilich den einzelnen Ländern überlassen. Als Kontrollinstanzen wurden in den Ländern Landesmedienanstalten eingerichtet, die in ihrer Zusammensetzung den Rundfunkräten der öffentlich-rechtlichen Sendeanstalten ähneln. In Baden-Württemberg nannte man die entsprechende Institution vorausschauend *Landesanstalt für Kommunikation*.

Um das Gewicht des Stuttgarter Senders innerhalb der ARD zu erhöhen und einen Landessender mit identitätsbildender Kraft für den gesamten Südweststaat zu schaffen, ging Lothar Späth im Zuge der durch die technischen Innovationen notwendig gewordenen Absprachen und Regelungen zwischen den Landesregierungen mit Feuereifer ans Werk, um eine Fusion des *Süddeutschen Rundfunks* mit dem *Südwestfunk* zustande zu bringen. Er sollte dabei jedoch auf ganzer Linie scheitern. Erst unter seinem Nachfolger Erwin Teufel kam 1997 ein Staatsvertrag zwischen Baden-Württemberg und Rheinland-Pfalz zustande, der die Fusion ermöglichte. So entstand 1998 aus den beiden Sendeanstalten der *Südwestrundfunk* als neue Zwei-Länder-Anstalt. Erstaunlicherweise beharrte die Mainzer Regierung unter Kurt Beck bei der Festlegung des Hauptsitzes der Anstalt nicht auf dem eher neutralen Baden-Baden. Vielmehr fand sie sich bereit, mit Stuttgart die Hauptstadt des so viel größeren Nachbarlandes als zentralen Sitz zu akzeptieren. Im Gegenzug erhielt Mainz eine großzügige Remuneration in Form von Personalstellen und Mitteln. Baden-Baden blieb daneben weiterhin ein Standort der Produktion. Obwohl inzwischen mehr als ein Jahrzehnt vergangen ist, sind Unterschiede in der Kultur der drei Häuser bis heute bestehen geblieben; und diese erzeugen wohl auch gelegentlich Reibungsverluste. Und ob der Südwestrundfunk den erwünschten Beitrag zur Stärkung der Landesidentität seither tatsächlich geleistet hat, wie Erwin Teufel in der Retrospektive glaubte, kann man bezweifeln. Dazu hätte es wohl einer insgesamt doch stärkeren Ausweitung der landeskundlichen und insbesondere auch der landespolitischen Berichterstattung bedurft. Im Vergleich etwa zu der wirklich alle Winkel ihrer jeweiligen Länder erfassenden Berichterstattung des Hessischen und auch des Bayerischen Rundfunks bei Landtags- und sogar Kommunalwahlen, fällt jene des Südwestrundfunks bislang allzu summarisch und jedenfalls eher bescheiden aus.

Wendejahre (1989–1992)

Es gab schon einmal einen baden-württembergischen Ministerpräsidenten, der in der Öffentlichkeit als präsumtiver nächster Kanzler gehandelt und speziell vom *Spiegel* als Alternative zum Amtsinhaber aufgebaut wurde. Als Gegner der Außenpolitik Konrad Adenauers, von der er eine Zementierung der Teilung Deutschlands befürchtete, und als Chef einer Landesregierung, an der die SPD beteiligt war, galt Reinhold Maier in den Jahren 1952/53 in einer breiten oppositionellen Öffentlichkeit, deren selbsternanntes Sprachrohr das Hamburger Nachrichtenmagazin gewesen ist, als geeigneter Herausforderer des Bundeskanzlers. Mit der Bundestagswahl von 1953, die Adenauers CDU als klaren Gewinner sah, sollten dann freilich alle derartigen Hoffnungen zerstieben.

In den Jahren 1988/89, im Abendglanz der »alten« Bundesrepublik, als die CDU bei Wahlen mehrere herbe Schlappen erlitt, war in den Augen manches verunsicherten christdemokratischen Parteigängers wie auch denen der *Spiegel*-Redaktion die Reihe dann an Lothar Späth, mit Helmut Kohl den regierenden Kanzler von Stuttgart aus herauszufordern. Der umtriebige und öffentlichkeitswirksam agierende baden-württembergische Ministerpräsident schien ihnen am besten geeignet, eine Alternative zur Politik des »Aussitzens« zu bieten. Späth fand denn auch einige Bundesgenossen in der Führungscrew der CDU, allen voran Heiner Geißler und Rita Süßmuth, an eine breite offene Unterstützung im Parteipräsidium war jedoch nicht zu denken, und auch die Wirtschaft versagte sich. So gab der Stuttgarter Regierungschef seine Ambitionen auf das Amt des CDU-Bundesvorsitzenden und die Kanzlernachfolge, mit denen er länger geliebäugelt und kokettiert hatte, noch vor dem entscheidenden Parteitag auf. Für den SPIEGEL, der ihn so lange gehätschelt hatte, war er danach erledigt. Und auch der im September 1989 in Bremen abgehaltene CDU-Bundesparteitag erteilte eine Lektion, indem er Späth mit nur 47,5 % der Stimmen den Wiedereinzug in das Parteipräsidium verweigerte. So endete das ehrgeizige Vorhaben, aus der Villa Reitzenstein in den Bonner Kanzlerbungalow umzuziehen, mit einer großen Blamage.

Was danach folgte, ist bekannt. Am 9. November 1989 fiel die Berliner Mauer, am 3. Oktober 1990 kam es schneller als je erwartet zur Wiedervereinigung Deutschlands. Die Augen der Öffentlichkeit richteten sich nunmehr ganz auf die Ereignisse in Bonn und Berlin, die Politik in den Ländern der alten Bundesrepublik trat demgegenüber fast völlig zurück. Die Ministerpräsidenten der westdeutschen Länder waren zunächst nur noch gefragt, wenn es um ihren Beitrag zur Finanzierung der deutschen Einheit ging. Das erfolgreiche Land Baden-Württemberg rückte im Bewusstsein einer breiten Öffentlichkeit ganz an den Rand Deutschlands. Der Strom der Geschichte floss an ihm vorbei. Lothar Späth, gerade noch angetreten, als deutscher Regierungschef in die Weltläufte einzugreifen, sah sich zurückgeworfen auf die Rolle eines Provinzfürsten im »Ländle«.

Dabei hat Baden-Württemberg nicht nur durch seine finanziellen Beiträge, sondern auch – von der Öffentlichkeit freilich eher weniger beachtet – auf direktem Wege das Seine dazu getan, die Einheit Deutschlands zu vollenden, indem es gemeinsam mit Bayern beim Aufbau staatlicher Strukturen im neuen Freistaat Sachsen tatkräftig half. Mehr als 800 Beamte aus der Verwaltung und der Justiz des Südweststaats wechselten in sächsische Dienste – die meisten nur für einige Monate oder Jahre, manche aber auch auf Dauer. Der Chef des Staatsministeriums, Staatssekretär Lorenz Menz, erwarb sich dabei neben dem Ministerpräsidenten selbst besondere Verdienste bei der Koordination und Lenkung der Einsätze.

Das Debakel von Bremen bedeutete einen tiefen Einschnitt in der für Lothar Späth bis dahin so geradlinig aufwärts verlaufenden politischen Karriere. Sein Abschied vom Amt kam dann aber doch mit einer Schnelligkeit, die überraschte. Den äußeren Anlass lieferte Ende des Jahres 1990 die später so benannte »Traumschiff-Affäre«. Im Rahmen eines Steuerverfahrens gegen einen Unternehmer wurde bekannt, dass der Ministerpräsident 1986 auf dessen Kosten einen Segeltörn im Mittelmeer unternommen hatte. Die Aufwendungen dafür waren samt der Anreise im Privatjet als Betriebskosten geltend gemacht worden. Nach und nach wurden immer mehr Details der Reisetätigkeit Späths auf Firmenkosten bekannt. Der Ministerpräsident konterte, dass er nur so in der Lage gewesen sei, in seiner etwas über zwölf Jahre andauernden Amtszeit mehr als 40 000 Termine wahrzunehmen und dem Land dadurch eine Unsumme an Reisespesen zu ersparen. Die Landespresse ließ sich jedoch nicht beruhigen; sie berichtete bald auch davon, dass die Tochter des Ministerpräsidenten einen Reiterurlaub auf Kosten desselben Unternehmer verbracht habe, der auch die Segelreise bezahlt hatte. Allgemein war davon die Rede, dass Späth in unzulässiger Weise öffentliches Amt und privates Interesse vermengt habe, wenngleich der direkte Vorwurf der Bestechlichkeit unterblieb. Die Solidaritätsbekundungen der eigenen Partei fielen etwas lau aus.

Fraktionschef Erwin Teufel ließ verlauten, dass die erhobenen Vorwürfe in keinem Verhältnis zu den Verdiensten des Ministerpräsidenten stünden. Es kam dann ausgerechnet dem *Spiegel* zu, Lothar Späth, den er bis zum Herbst 1989 so ausnehmend wohlwollend behandelt hatte, mit einem vieles nur andeutenden Bericht über Asienreisen unter falschem Namen und auf Firmenkosten den Todesstoß zu versetzen. Von diesen Vorwürfen zermürbt und nervlich angespannt, warf Späth am Abend des 13. Januar 1991 hin und erklärte seinen Rücktritt.

Späth fand noch im selben Jahr eine neue Aufgabe mit der Sanierung des maroden DDR-Staatsbetriebs Carl-Zeiss-Jena. Unter Einsatz erheblicher öffentlicher Mittel und Inkaufnahme eines großen Verlustes an Arbeitsplätzen formte er daraus in seiner bis 2003 währenden leitenden Tätigkeit mit der Jenoptik AG einen börsenfähigen Konzern. Dem breiten Publikum blieb er als Talkmaster im Privatfernsehen und fast schon ubiquitärer Festredner im Bewusstsein. 2005 übernahm er den Vorsitz der Geschäftsführung der Investment Bank Merrill Lynch in Deutschland und Österreich. Späth gehörte damit zur raren Spezies jener Politiker, die auch ein Leben *nach* der Politik zu gestalten wussten. Eine durchaus mögliche – freilich eher widerstrebend akzeptierte – Rückkehr auf die politische Bühne durch die Aufnahme in das Kompetenzteam von Edmund Stoiber, des Kanzlerkandidaten der *Union* bei der Bundestagswahl von 2002, als künftiger »Superminister« für Innovation, Struktur und Strategie wurde durch den knappen Wahlsieg der Rot-Grünen Koalition unter Gerhard Schröder vereitelt.

Die Ära Späth ist nach ihrem abrupten Ende sehr zwiespältig beurteilt worden. Die Stuttgarter Zeitung bescheinigte dem Zurückgetretenen zwar Ideenreichtum, merkte aber gleichzeitig an, ihm sei die Konstanz im Handeln abgegangen. Und zweifellos war viel Wahres an dem Vorwurf, dass in der Zeit des Rastlosesten aller Herren der Villa Reitzenstein allzu viele Pläne und Projekte wie aufgestiegene Blasen zerplatzt seien. In ihrer Hektik und dem

Bemühen, jedem aufkommenden Trend nachzueilen, fehlte es der Administration Späth an Kontinuität, Beharrlichkeit bei der Umsetzung der gesteckten Ziele und gerade auch an einer effektiven Erfolgskontrolle. Als größte Misserfolge blieben das Scheitern der Bankenfusion wie der Rundfunkreform durch eine Zusammenführung von SDR und SWF im Gedächtnis. Doch es gab auch Errungenschaften, die überdauerten. So setzte Späth schon am Beginn seiner Amtszeit 1979 ein sozialpolitisches Signal mit der Gewährung eines vom Land bezahlten einkommensunabhängigen Elterngeldes bei der Geburt von Kindern. Auch die 1986 gegründete Führungsakademie Baden-Württemberg mit Sitz in Karlsruhe nach dem Vorbild der französischen ENA und das 1987 im Gefolge der Reaktorkatastrophe von Tschernobyl eigens eingerichtete und zunächst mit dem Ettlinger Bürgermeister Erwin Vetter besetzte Umweltministerium überdauerten ihren Schöpfer. Auf der anderen Seite aber stand wiederum, dass die angestrebte und angekündigte durchgreifende Reform der Verwaltung ausgeblieben war.

Schon zwei Tage nach dem Rücktritt Späths legte sich die CDU-Fraktion auf ihren Vorsitzenden Erwin Teufel als Nachfolger fest. Teufel war damit nach Gebhard Müller der erste Ministerpräsident der CDU in Baden-Württemberg, der vor seiner Wahl nicht mindestens einen innerparteilichen Rivalen auszustechen hatte. Am 22. Januar 1991 wurde der Kandidat der Mehrheitsfraktion vom Landtag mit 71 Stimmen bei 44 Gegenstimmen und 5 Enthaltungen zum sechsten Ministerpräsidenten Baden-Württembergs gewählt. Er hatte damit fünf Stimmen mehr erhalten, als seine Fraktion Mitglieder zählte, worin man einen Beweis dafür erblicken durfte, dass sich der Kandidat über die eigenen Parteigrenzen hinaus Anerkennung erworben hatte. Der neue Ministerpräsident nahm ein gründliches Revirement im Kabinett vor. Kultusminister Mayer-Vorfelder, der bei Lehrern, Eltern und Schülern mit seiner nassforschen Art oft angeeckt war, wurde ins Finanzressort versetzt, wo er den langgedienten Guntram Palm ablöste. Seine Nachfolgerin Marianne Schultz-Hector sorgte mit Kompetenz und Umsicht bald dafür, dass sich die Atmosphäre zwischen der Ministerialbürokratie und den Schulen nachhaltig entspannte. Auch im Wissenschaftsressort trat ein Wechsel ein. An die Stelle des bedächtigen professoralen Helmut Engler trat der agile und umgängliche Klaus von Trotha. Als neues Ressort entstand ein Verkehrsministerium, an dessen Spitze mit Thomas Schäuble der Bruder des bekannten Bundespolitikers Wolfgang Schäuble berufen wurde. Einzige Frau im Kabinett blieb weiterhin die 1984 in Ablösung von Annemarie Griesinger ins Kabinett eingetretene Barbara Schäfer als Sozialministerin.

Das neue Kabinett hatte wenig Zeit, sich bis zur nächsten Landtagswahl zu profilieren. Der heimatverbundene und erdverhaftet-solide Erwin Teufel musste anfangs mit dem Vorurteil kämpfen, nach dem Feuerwerk, das sein quirliger Vorgänger entzündet hatte, allzu bieder daher zu kommen und Baden-Württemberg wieder in behagliche Provinzialität zurückzuführen. Neben dem Abebben des Wirtschaftsbooms, den die Wiedervereinigung für wenige Jahre ausgelöst hatte, mag dies mit ein Grund dafür gewesen sein, dass die CDU in der Landtagswahl vom 5. April 1992 einen regelrechten Absturz auf nurmehr 39,6 % der Stimmen erlebte und die absolute Mehrheit nach zwei vollen Jahrzehnten wieder verlor. Gleichzeitig zog mit den Republikanern, die 10,9 % der Stimmen errangen, zum ersten Mal seit 1968 wieder eine rechtsradikale Partei in den Landtag ein. Weil die FDP auf ihren mageren 5,9 % verharrte, und die Zeit für eine schwarz-grüne Zusammenarbeit, die bei einem Ergebnis von 9,5 % für die Grünen rein rechnerisch möglich gewesen wäre, noch nicht reif schien, blieb für die anschließende Regierungsbildung nur die Option der Großen Koalition von CDU und SPD, die mit 29,4 % freilich ihr schlechtestes Ergebnis seit 1968 eingefahren hatte. Dass diese Zusammenarbeit in einer erneuten »Koalition der Verlierer« nicht einfach werden würde, zeigte sich schon bei der Wahl des Ministerpräsidenten im Juni 1992. Von den

109 anwesenden Mitgliedern der Regierungsfraktionen im Landtag, der wegen der zahlreichen Überhangmandate seine Sollstärke nun erstmals weit überschritt, stimmten insgesamt nur 96 für Erwin Teufel.

Das Land vor den Herausforderungen der Globalisierung (1992–2010)

Die neunziger Jahre und das erste Jahrzehnt des neuen Jahrtausends brachten nicht nur völlig neue Formen von Kommunikation und Medienpräsenz, sondern auch einen sich stets noch beschleunigenden Strukturwandel in der Wirtschaft Der Warenaustausch mit dem Ausland – insonderheit mit dem rasch aufstrebenden Asien – wurde immer bedeutsamer; gleichzeitig ergab sich aber auch vielfach die Notwendigkeit, die deutschen Investitionen im Ausland zu verstärken, um auf lukrativen Märkten präsent zu sein und die (zumindest zeitweise) günstigeren Produktionsbedingungen in Osteuropa, Asien und den USA zu nutzen. Gerade die in der Hauptsache auf der Gütererzeugung basierende Wirtschaft Baden-Württembergs konnte sich dem Sog, den die zunehmende Verflechtung der Märkte zeitigte, nicht entziehen. Neben vielen erfolgreichen und zukunftsträchtigen Engagements im Ausland besonders der für Baden-Württemberg so typischen mittelständischen Industrie waren aber auch Fehlschläge und schmerzhaft verlustreiche Erfahrungen bei der Auslandsexpansion zu verzeichnen. Paradebeispiel dafür bildete der Zusammenschluss der Daimler-Benz AG als dem wichtigsten Unternehmen des Landes mit dem schon Jahrzehnte lang kriselnden amerikanischen Chrysler-Konzern zum vermeintlich kraftstrotzenden Global Player DaimlerChrysler im Jahre 1998. Trotz energischer Restrukturierungsmaßnahmen bei Chrysler und dem Einsatz erheblicher Finanzmittel des Stuttgarter

Hauses musste dieser Versuch, einen Weltkonzern zu schmieden, freilich schon 2007 verlustreich liquidiert werden. Seither firmiert der große Automobilbauer unter dem schlichten Namen Daimler AG. Proteste aus Baden gegen den Verzicht auf die Zubenennung nach Carl Benz – immerhin dem eigentlichen Erfinder des Automobils – blieben fruchtlos. Auch die erst kurz vor der Jahrtausendwende entstandene einzige Großbank des Landes, die LBBW, erlitt in der 2008 einsetzenden Finanz- und Wirtschaftskrise herbe Rückschläge vor allem wegen ihres Engagements auf den angelsächsischen Finanzmärkten.

Der Drang nach schierer Größe, nach Systemrelevanz und nationaler oder sogar Weltgeltung mag neben der Beharrlichkeit und dem geschickten Agieren von Ministerpräsident Teufel auch ein Hauptgrund dafür gewesen sein, dass diesem Hausherrn in der Villa Reitzenstein im Bereich von Fusionen und Arrondierungen fast alles gelang, was seinem Vorgänger während der 80er Jahre in der vergleichsweise behaglichen Stimmung der alten Bundesrepublik versagt geblieben war. Weniger Erfolg war Teufel hingegen bei seinem Versuch beschieden, die Verwaltung durch eine rasche Einführung digitaler Technik gründlich zu verschlanken. In vielen Fällen blieben die hier von interessierter Seite geweckten Hoffnungen wegen der Komplexität der zu lösenden Aufgaben unerfüllt – entweder ganz oder zumindest doch dahingehend, dass die Realisierung sich ungebührlich verzögerte. Computer, E-Mail-Verkehr und Mobiltelefon haben aber seit den 90er Jahren nicht nur in Verwaltung und Wirtschaft, sondern auch im Alltag und in der Privatsphäre der Bürger gründliche Veränderungen herbeigeführt, die nicht nur den Schutz persönlicher Daten, sondern auch das Kulturschaffen und überhaupt jede Form von Kreativität empfindlich berühren und längerfristig wohl auch das Verhalten, das Zusammenleben und die Vorstellungswelt der Menschen verändern werden.

Krise und Konsolidierung: Die zweite Große Koalition (1992–1996)

Im Gegensatz zur ersten Großen Koalition in Baden-Württemberg, die 1966 in geradezu euphorischer Stimmung angetreten war und ein Klima vertrauensvoller Zusammenarbeit bis zu ihrem Ende zu bewahren vermochte, zeichnete sich das zweite derartige Regierungsbündnis im Land durch andauernde Spannungen und immer wieder aufflackernde Konflikte aus. Ein Plisch-und-Plum-Gefühl wie weiland in der Großen Bonner Koalition unter Kurt Georg Kiesinger mit den Ministern Strauß (CSU) und Schiller (SPD) wollte hier niemals auf kommen. Mehrfach drohte die Koalition sogar vorzeitig zu platzen. Erst im Juli 1995 legte man bei der Verabschiedung des für dieses Jahr nötig gewordenen Nachtragshaushaltes die Differenzen endgültig ad acta und verständigte sich auf eine sachliche und solide Zusammenarbeit bis zur Landtagswahl im Frühjahr des Folgejahres. Ungeachtet dieses zuweilen schlechten Klimas hat die zweite Große Koalition Beachtliches für das Land geleistet – insonderheit bei der Konsolidierung der Staatsfinanzen und bei der Überwindung der Rezession, die dem Boom nach der Wiedervereinigung Deutschlands folgte.

In der 1992 gebildeten Regierung stellte die CDU neben dem Ministerpräsidenten sechs Minister, die SPD deren fünf, darunter zwei Frauen in freilich weniger bedeutenden Ressorts. Mit der Ernennung von Frieder Birzele zum Innenminister erhielt die SPD eine alte Domäne zurück, die sie in allen Jahren ihrer Regierungsbeteiligung im Südweststaat wie in den Vorgängerländern Württemberg-Baden und Württemberg-Hohenzollern besetzt hatte. Besondere Möglichkeiten der Profilierung eröffneten sich den Sozialdemokraten jedoch mit der Berufung ihres Fraktionsvorsitzenden und Spitzenkandidaten Dieter Spöri zum Wirtschaftsminister und von Harald B. Schäfer zum Umweltminister. Bemühte sich ersterer darum, als gelernter Volkswirt und umtriebiger Firmenretter mit der CDU in einen Wettstreit um die Kompetenz in Wirtschaftsfragen einzutreten, sah der andere seine Aufgabe darin, den GRÜNEN durch spektakuläre Aktionen und eine intensive Öffentlichkeitsarbeit Wählerstimmen abzujagen. Beiden Politikern sollte der erstrebte Erfolg letztendlich jedoch versagt bleiben, wie die Wahlen zum nachfolgenden Landtag in aller Deutlichkeit erwiesen.

Unter den Aufgaben, vor die sich die Große Koalition gestellt sah, war die Überwindung der Rezession, die dem ersten Konsumrausch in den neuen Bundesländern folgte, bei weitem die wichtigste. Der frischgebackene Wirtschaftsminister Spöri packte sie an, indem er schon im September 1992 zwei Sonderprogramme zur Exportförderung auflegte, denen noch im Dezember des Jahres ein auf längere Frist berechnetes Programm zur Sicherung des Wirtschaftsstandortes Baden-Württemberg im Umfang von nicht weniger als 7 Milliarden DM folgte. Diese wie viele weitere Maßnahmen – bis hin zur Rettung einzelner Betriebe – waren auch durchaus von einem gewissen Erfolg gekrönt. So gelang es zum Beispiel im Jahre 1994, 45 % aller in Deutschland getätigten ausländischen Direktinvestitionen nach Baden-Württemberg zu ziehen. Erschwert wurden die Anstrengungen der Landesregierung zur Ankurbelung der Wirtschaft freilich dadurch, dass der Haushalt des Landes über kurz oder lang in eine bedrohliche Schieflage zu geraten drohte. Dies lag nicht zuletzt am hohen Schuldenstand als Resultat der Ausgabefreudigkeit während der 80er Jahre unter der Regierung Späth, wie Ministerpräsident Teufel 1993 freimütig kritisierte. Hatten sich die Schulden des Landes 1980 noch auf 18 Milliarden DM belaufen, waren sie 1990 mit 37 Milliarden schon auf mehr als das Doppelte angestiegen. 1992, am Beginn der Großen Koalition, betrugen sie 42,5 Milliarden, 1996 an ihrem Ende trotz erheblicher Konsolidierungsanstrengungen 53,4 Milliarden, um gegen Ende des Jahrzehnts bei nachlassenden Sparbemühungen die 60-Milliarden-Marke zu überschreiten. Das schon vor 1996 propagierte Ziel einer Netto-Nullverschuldung musste deshalb immer wieder vertagt und auf einen ferneren Zeitpunkt verschoben werden.

Immerhin ist es auch in den Jahren vor und nach der Jahrtausendwende gelungen, im Haushalt für Investitionen stets eine größere Summe auszuweisen, als sie der Schuldendienst verschlang. So konnte die CDU wenigstens in dieser Hinsicht den Nachweis führen, dass Konservative mit Steuergeld besser umzugehen wussten als vielfach die politische Konkurrenz. Auch konnte die Regierung immer wieder darauf verweisen, dass Baden-Württemberg wie im Übrigen schon das Vorgängerland Württemberg-Baden im Länderfinanzausgleich allzeit Nettozahler gewesen ist und erhebliche Mittel für die ärmeren Bundesländer bereit zu stellen hatte. 1995 flossen 2,8 Milliarden DM aus Baden-Württemberg in den Länderfinanzausgleich, im Jahr darauf waren es 2,5 Milliarden. Damit nahm der Südweststaat beim Pro-Kopf-Aufkommen in beiden Jahren nach Hessen und Hamburg den dritten Platz ein, beim absoluten Gesamtaufkommen 1995 nach Nordrhein-Westfalen den zweiten, 1996 nach Hessen, Nordrhein-Westfalen und Bayern den vierten.

Seit der Länderfinanzausgleich 1950 eingeführt wurde, ist Baden-Württemberg (bzw. sein Vorgängerland Württemberg-Baden) das einzige Bundesland geblieben, das ohne Unterbrechung ausgleichspflichtig war. Auf dem Höhepunkt seiner relativen wirtschaftlichen Leistungsfähigkeit zwischen 1970 und 1987 bestritt es allein die Hälfte der Gesamtsumme, die an die Nehmerländer abgeführt wurde. Insgesamt hat das Land bis 2008 mehr als 66 Milliarden € für andere Bundesländer aufgebracht. Mit dieser Leistung rangiert es weit vor Hessen (53 Milliarden), Nordrhein-Westfalen (50 Milliarden), Bayern (46 Milliarden) und Hamburg (15 Milliarden). Der Länderfinanzausgleich, ohne den das Land heute schuldenfrei sein könnte, ist den baden-württembergischen Landespolitikern deshalb immer ein Ärgernis gewesen, und er ist es bis heute geblieben.

1998 entschloss man sich im Verein mit der bayerischen Staatsregierung, Klage beim Bundesverfassungsgericht einzureichen. Mit dem Urteil, wie es am 11. November 1999 erging, und dem daraufhin im Sommer 2001 verabschiedeten Maßstäbegesetz gelang auch wenigstens ein Teilerfolg. Der Finanzausgleich wurde darin zum 1. Januar 2005 insofern neu geregelt, als die Finanzkraft der Kommunen mit 64 statt mit 50 % angerechnet wurde und auf Seiten der Geberländer nurmehr 72,5 % statt 80 % des Mehrwertsteueraufkommens in die Berechnungen einflossen. Außerdem wurden die Länder insgesamt dadurch entlastet, dass der Bund die Finanzierung des *Fonds Deutsche Einheit* praktisch allein übernahm. Gleichwohl führt Baden-Württemberg bis in die Gegenwart einen erheblichen Teil seines Steueraufkommens in den Länderfinanzausgleich ab, derweil Nordrhein-Westfalen seine Leistungen fortlaufend vermindern konnte und 2008 gar zum Empfänger einer – freilich sehr geringen – Ausgleichszahlung wurde. 2006 brachte Baden-Württemberg etwas mehr als 2 Milliarden € in den Finanzausgleich ein, 2007 2,3 Milliarden und 2008 als eines von nurmehr vier Geberländern 2,5 Milliarden. Pro Kopf wurden seine Leistungen im zuletzt genannten Jahr deutlich nur von denen Hessens übertroffen, bei der Gesamtsumme nur von denjenigen Bayerns. 2009 ist nach vorläufigen Berechnungen auch Hamburg aus dem Kreis der Geberländer ausgeschieden, so dass neben Baden-Württemberg nurmehr Bayern und Hessen den Länderfinanzausgleich mit einem Volumen von ca. 7 Milliarden € bestreiten, von denen fast die Hälfte allein dem Land Berlin zu Gute kommt. Stefan Mappus, Vorsitzender der CDU-Fraktion im Stuttgarter Landtag und schon designierter Ministerpräsident mahnte daher im Dezember 2009 dringlich eine weitere Reform des Finanzausgleichs an.

Neben einer erfolgreichen Wirtschaftspolitik und hoffnungsvollen Ansätzen zur Konsolidierung des Haushalts bildeten einschneidende Reformen, mit denen Verfassung und Verwaltung modernisiert wurden, die wichtigsten Errungenschaften, die das

Schwarz-Rote-Bündnis an seinem Ende vorzuweisen hatte. Mit der Verfassungsreform von 1995 wurde die Legislaturperiode des Landtags auf fünf Jahre verlängert und dem Landesparlament das Recht zur Selbstauflösung auf der Basis einer Zweidrittel-Mehrheit eingeräumt. Gleichzeitig erhielten EU-Bürger das Kommunalwahlrecht, wurden Umweltschutz und der Schutz von Behinderten vor Benachteiligung als Staatsziele festgeschrieben. Schon wenige Monate zuvor war mit dem Sonderbehörden-Eingliederungsgesetz vom 12. Dezember 1994 die anfangs der 70er Jahre stecken gebliebene Funktionalreform der Verwaltung wieder aufgenommen worden. Damit wurden zum 1. Juli 1995 21 staatliche Veterinärämter, 36 Staatliche Gesundheitsämter sowie 17 Ämter für Wasserwirtschaft und Bodenschutz aufgelöst und ihre Aufgaben auf die Landkreise und kreisfreien Städte übertragen. Gleichfalls schon 1994 erhielt der Verband Region Stuttgart, der als wichtigster Ballungsraum im Land neben dem Stadtkreis Stuttgart die Landkreise Ludwigsburg, Böblingen, Esslingen, Göppingen und Rems-Murr umfasst, per Gesetz eine Sonderstellung unter den Regionalverbänden, indem ihm wichtige Pflichtaufgaben u.a. bei der regionalen Verkehrsplanung, beim öffentlichen Nahverkehr, bei der Abfallentsorgung und bei der Wirtschaftsförderung übertragen wurden. Diese Sonderstellung wurde noch akzentuiert, indem der Verband im Unterschied zu allen anderen Regionalverbänden, die nur mittelbar gewählte Versammlungen besitzen, eine vom Volk direkt gewählte Verbandsversammlung erhielt und damit ein doch erheblich gesteigertes Maß an demokratische Legitimität.

Am 24. März 1996 stand, da die schon beschlossene Verlängerung der Legislaturperiode noch nicht für die laufende, sondern erst für die nachfolgende galt, die reguläre Wahl zum Landtag an. Insbesondere die SPD, die sich viel auf die Leistungen ihres Spitzenkandidaten Spöri zu Gute hielt, ging mit großen Erwartungen in das Kräftemessen mit den politischen Gegnern. Um ihre Chancen zu verbessern, verkündeten die Sozialdemokraten in ihrem Wahlprogramm auch als äußerst populär geltende Ziele – so die Begrenzung des Zuzugs von Aussiedlern vor allem aus Russland, den Abbau des nach der Wiedervereinigung zeitlich verzögert eingeführten Solidaritätszuschlags und die Verschiebung des Termins, an dem die gerade in Deutschland so skeptisch beurteilte europäische Einheitswährung eingeführt werden sollte, um fünf Jahre. Hatte die CDU 1992 einen gewissen Erfolg mit der Propagierung von Zuzugsbeschränkungen insbesondere für Asylbewerber gehabt (damit freilich aber wohl auch einen Beitrag zum Einzug der Republikaner in den Landtag geleistet) verfingen die sozialdemokratischen Wahlziele, die als populistische Stimmungsmache heftigster Kritik von allen Seiten begegneten, beim Publikum nicht – im Gegenteil: Die SPD errang nur knapp über 25 % der Stimmen und verbuchte damit ihr bis dahin schlechtestes Wahlergebnis im Land. Ihr Spitzenkandidat zog daraus die Konsequenz, der Landespolitik (und der Politik überhaupt) zu entsagen und sein Betätigungsfeld fortan in die Wirtschaft zu verlegen, wo er u.a. als Konzernrepräsentant von DaimlerChrysler in Berlin und als Mitglied im Aufsichtsrat der Softwareschmiede SAP tätig wurde. Die CDU unter Ministerpräsident Teufel steigerte ihren Stimmenanteil nur leicht von 39,6 auf 41,3 %. Kräftige Gewinne verbuchten demgegenüber die FDP (von 5,9 auf 9,6 %) und die GRÜNEN (von 9,5 auf 12,1 %). Weiterhin im Landtag vertreten waren zum Leidwesen der übrigen Parteien bei nur geringen Stimmverlusten die Republikaner. Obwohl die CDU nur etwas mehr als zwei Fünftel der Wähler für sich gewonnen hatte, war die Landkarte des Landes doch einheitlich schwarz gefärbt, denn in 69 von 70 Wahlkreisen hatten CDU-Kandidaten den Sieg davon getragen. So errangen die Christdemokraten sage und schreibe 18 Überhangmandate, woraus die Zuweisung von 17 Ausgleichsmandaten an die anderen Parteien folgte. Daher war der 1996 gewählte Landtag, dem nicht weniger als 155 Abgeordnete angehörten und damit 35 mehr, als es der regulären Mitgliederzahl entsprach, der bislang größte in Baden-Württemberg.

Dass die Große Koalition mit diesem Wahlergebnis am Ende war, bezweifelte niemand. CDU und FDP, die nun schon seit 30 Jahren einer Regierungsbeteiligung harrte, verfügten zusammen mit 83 Mandaten über eine bequeme absolute Mehrheit. Die ganze Erleichterung darüber zeigte der Ministerpräsident dadurch, dass er noch in der Wahlnacht erklärte, man habe nun das »Joch der Großen Koalition« abgeschüttelt. Indes – der Neustart in der bürgerlichen Wunschkoalition sollte sich gerade für ihn ziemlich holprig gestalten.

Erfolge eines Landesvaters (1996–2005)

Am 12. Juni 1996 stand Erwin Teufel erneut zur Wahl als Ministerpräsident des Landes. Zur größten Überraschung des Publikums fiel er jedoch im ersten Wahlgang durch; erst der zweite erbrachte dann die notwendige Mehrheit. Offenbar hatten einige CDU-Abgeordnete aus Verärgerung darüber, dass sie bei der Besetzung wichtiger Positionen in der neuen Regierung übergangen worden waren, ihrem Kandidaten zunächst die Stimme verweigert, um ihm einen Denkzettel zu verpassen. Dabei hatten sie vielleicht auch nicht beachtet, dass weniger solcher Spitzenpositionen zu vergeben gewesen waren, weil man sich in einem Kraftakt dazu entschlossen hatte, das Kabinett von zwölf auf neun Ministerien zu verkleinern. Die CDU erhielt davon sieben, die FDP zwei. Der junge FDP-Landesvorsitzende Walter Döring wurde Wirtschaftsminister, sein Parteikollege Ulrich Goll übernahm das Justizressort. Beim CDU-Personal hatte die wichtigste Veränderung schon im Sommer des Vorjahres stattgefunden, als im wichtigen Kultusministerium Annette Schavan die Nachfolge der aus privaten Gründen amtsmüde gewordenen Marianne Schultz-Hector angetreten hatte. Die Ernennung Schavans, die 1998 zur stellvertretenden Bundesvorsitzenden der CDU unter dem Badener Wolfgang Schäuble aufrücken sollte, stellte insofern eine Zäsur in der Landesgeschichte dar, als mit ihr erstmals eine Persönlichkeit aus dem aktiven katholischen Leben mit der Verantwortung für das Schulwesen im Lande betraut wurde. Damit hatte der Ministerpräsident mit der in Baden immerhin schon seit 1918 aufrecht erhaltenen und im neuen Südweststaat zunächst fortgesetzten Tradition, dieses Ressort Protestanten vorzubehalten, gebrochen und im Sinne einer gewissen Normalisierung das letzte Relikt einstiger Kulturkampfstimmung beseitigt.

Erwin Teufel, selbst gläubiger Christ und der katholischen Kirche in einem Maße verbunden wie vor ihm wahrscheinlich nur Gebhard Müller, entstammte dem von vorderösterreichischen Traditionen geprägten Milieu des südlichen Württemberg. Wegen seiner regionalen Prägung neigten viele Beobachter außerhalb der Landesgrenzen und auch manche innerhalb derselben dazu, ihn als typischen Mann der Provinz zu unterschätzen. Tatsächlich hat Teufel anders als sein Vorgänger Späth in weiser Selbstbescheidung auch nie ernsthaft den Versuch unternommen, Ämter außerhalb Baden-Württembergs anzustreben. Von konservativer Gesinnung, war der Ministerpräsident gleichwohl durchaus in der Lage, die Zeichen der Zeit zu erkennen und sich auf deren Höhe zu bewegen. Dazu befähigte ihn ein reicher Schatz an politischen Erfahrungen, die er seit seiner Zeit als einst jüngster Bürgermeister Deutschlands in der Kleinstadt Spaichingen gesammelt hatte. Als Hausherr der Villa Reitzenstein erwarb er sich mit den Jahren die Stellung eines allseits anerkannten Landesvaters – darin am ehesten vergleichbar mit seinem dritten Vorgänger Kurt Georg Kiesinger. Freilich fiel das Regieren mit der FDP auch leicht – machte diese als Koalitionspartner doch wenig Schwierigkeiten, während sie andererseits in ihrer Eigenständigkeit aber doch dazu dienen konnte, Wünsche und Ambitionen der eigenen Leute im Zaum zu halten.

Die späten 90er Jahre standen – nicht nur im Bereich der privaten Wirtschaft wie bei *DaimlerChrysler* – ganz im Zeichen großer Fusionen. Den Anfang machte der bereits erwähnte Zusammenschluss von *Süddeutschem Rundfunk* und *Südwestfunk* zum *Südwestrundfunk* (SWR), den die Ministerpräsidenten Teufel und Beck mit der Paraphierung eines entsprechenden Staatsvertrages am 15. April 1997 in Mannheim besiegelten. Im selben Jahr fusionierten – die von der EU geforderte »Liberalisierung« des Strommarkts vor Augen – das ganz in Landesbesitz befindliche 1921 gegründete *Badenwerk* – eine wahre Perle, die der Südweststaat vom einstigen Land Baden geerbt hatte, – und die seit 1939 existierende *Energieversorgung Schwaben* (EVS), an der neben dem Land viele württembergische Gemeinden bedeutende Anteile hielten, zur *EnBW*. Damit entstand der neben RWE, EON und Vattenfall wichtigste Energiekonzern in der Bundesrepublik überhaupt. Die Anteile des Landes wurden im Jahr 2000 an die französische EdF verkauft. Der Erlös daraus – er betrug immerhin die stattliche Summe von 4,7 Milliarden DM – floss – auch aus steuerlichen Gründen – großenteils in eine Stiftung des Landes ein, die bis heute anderweitig kaum zu finanzierende kulturelle oder soziale Einrichtungen und Initiativen materiell unterstützt. Die dritte große Fusion, an der die Landespolitik maßgeblichen Anteil hatte, bildete der von Lothar Späth noch vergeblich erstrebte Zusammenschluss der *Landeskreditbank* mit der *Südwestdeutschen Landesbank* und der *Landesgirokasse* zur *Landesbank Baden-Württemberg* (LBBW), der zum 1. Januar 1999 in Kraft trat. Die neue Landesbank, die durch die Eingliederung der entsprechenden Institute der Länder Rheinland-Pfalz und Sachsen später noch kräftig expandierte, entwickelte sich zunächst prächtig, geriet aber in der Finanzkrise von 2008 eben wegen der Expansion und dem internationalen Engagement in heftige Strudel. Sie blieb seither wie ihre Schwesterinstitute in Bayern, Hamburg und Nordrhein-Westfalen auf massive Hilfe durch das Land angewiesen.

Die erfolgreiche Politik des Ministerpräsidenten sicherte der CDU bei der nun erstmals nach fünf Jahren durchgeführten Landtagswahl im Frühjahr 2001 einen ungefährdeten Sieg. Mit 63 von nunmehr nur noch 128 Mandaten und einem Stimmenanteil von

44,8 % waren die Christdemokraten sogar nahe daran, die absolute Mehrheit zurück zu gewinnen. So aber wurde die Fortsetzung der Koalition mit der FDP, die mit Verlusten aus der Wahl hervorging, erforderlich. Die SPD gewann sehr deutlich hinzu und steigerte sich auf 33,3 % der Stimmen, derweil die GRÜNEN einen regelrechten Absturz auf nurmehr 7,7 % erlebten. Bei beiden Stuttgarter Oppositionsparteien, die seit 1998 die Bundesregierung stellten, dürften in erster Linie bundespolitische Gründe den Ausschlag für Gewinne und Verluste gegeben haben. Während der SPD die Popularität von Bundeskanzler Schröder zu Gute kam, verübelten wohl viele Wähler dem aus Württemberg stammenden grünen Außenminister Joschka Fischer die Beteiligung der Bundesrepublik am Kosovo-Krieg gegen Serbien im Jahre 1999. Zur Erleichterung der übrigen Parteien und einer breiten Öffentlichkeit gelang es den Republikanern dieses Mal nicht, die Fünf-Prozent-Hürde zu überspringen. Nach zwei Legislaturperioden kehrten sie daher nicht wieder in den Landtag zurück. Erwin Teufel wurde am 13. Juni 2001 erneut zum Ministerpräsidenten gewählt. Sein Kabinett blieb weitgehend unverändert, neu darin waren der Rektor der Mannheimer Universität Peter Frankenberg als Wissenschaftsminister und der südbadische Abgeordnete Willi Stächele als Landwirtschaftsminister.

2002 wurde das Land fünfzig Jahre alt. Die aus diesem Anlass veranstalteten Feierlichkeiten hielten sich jedoch in einem vergleichsweise bescheidenen Rahmen. Immerhin ging ein Langzeitprojekt seiner Vollendung entgegen. Das als Institution noch unter Lothar Späth 1987 gegründete *Haus der Geschichte* Baden-Württembergs konnte sein Domizil an der Stuttgarter Kunstmeile zwischen Staatsgalerie und Abgeordnetenhaus beziehen. Außer einer sehenswerten Dauerausstellung zur Landesgeschichte seit dem ausgehenden 18. Jahrhundert präsentiert es seither fortlaufend Wechselausstellungen, in denen die Erfolge der Wirtschaft des Landes einen besonderen Schwerpunkt bilden. In veränderter Form wurde auch ein anderes schon in der Ära Späth angedachtes Projekt bald darauf verwirklicht. Im Herbst 2003 nahm in Mannheim eine Pop-Akademie mit den Fächern Musikbusiness und Musikdesign ihren Lehrbetrieb auf. Träger der neuen Einrichtung sind neben Stadt und Land auch der Südwestrundfunk und die Landesanstalt für Kommunikation.

Auf eine persönliche Initiative des Ministerpräsidenten ging die wohl wichtigste Reform zurück, die in der Legislaturperiode zwischen 2001 und 2006 verwirklicht wurde. Unter dem Stichwort »Einheit der staatlichen Verwaltung« entwarf Erwin Teufel nach eigenem Bekunden an einem einzigen Samstagvormittag in Grundzügen einen Plan, die zahlreichen Sonderbehörden des Landes aufzulösen und sie in den allgemeinen dreistufigen Verwaltungsaufbau einzugliedern. Der Plan sah vor, die Kompetenzen der Gemeinden zu erweitern, die unteren Sonderbehörden in die Verwaltungen der Landkreise und der kreisfreien Städte zu integrieren, die Landesoberbehörden und höheren Sonderbehörden analog dazu in die Regierungspräsidien. Betroffen waren insgesamt 450 Behörden mit 20 000 Beschäftigten. Zwei Ziele sollten damit im Wesentlichen erreicht werden: zum einen eine Bündelung von Kompetenzen im Rahmen jeweils einer Behörde zur Vermeidung von dysfunktionalen Mehrfachbearbeitungen und kontradiktorischen Sachentscheidungen, zum anderen aber auch eine Reduzierung des Personals, die Teufel selbst in der Summe binnen sieben Jahren auf 20 % berechnete.

Es gelang dem Ministerpräsidenten relativ rasch, die Regierungsfraktionen von seinem Plan zu überzeugen. Schwerer zu überwinden war das Misstrauen der kommunalen Amtsträger, die Bedenken in den betroffenen Behörden und vor allem der zähe Widerstand der Stuttgarter Ministerien, die mit dem Verlust der Durchgriffsrechte auf ihre jeweiligen Sonderbehörden um ihre Kompetenzen fürchteten. Schließlich konnte das *Gesetz zur Reform der Verwaltungsstruktur, zur Justizreform und zur Erweiterung des kommunalen Handlungsspielraums* aber doch am 1. Juli 2004 publiziert und zum 1. Januar 2005 in Kraft gesetzt werden. Die Ämter für Flurneuordnung und Landesentwicklung, die staatlichen Forstämter, die Gewässerdirektionen, die staatlichen Gewerbeaufsichtsämter, die Straßenbauämter, die staatlichen Vermessungsämter sowie die staatlichen Schulämter wurden damit in die Verwaltungen der Kreise und kreisfreien Städte eingegliedert. 12 000 Mitarbeiter wechselten in der Folge aus dem Dienst des Landes in jene von Kreisen und Kommunen, wobei das Land die anteiligen Pensionslasten übernahm. Auch die meisten Landesoberbehörden und höheren Sonderbehörden – wie die Forstdirektionen und Oberschulämter – wurden aufgelöst und in die Regierungspräsidien eingegliedert, ohne dass hier freilich ein Wechsel des Dienstherrn nötig geworden wäre. Das Problem der räumlich unterschiedlichen Zuständigkeiten – landesweit bei den Landesoberbehörden und regional bei den Regierungspräsidien – wurde dadurch gelöst, dass man die Aufgaben entweder regionalisierte oder die landesweite Zuständigkeit *einem* Regierungspräsidium übertrug. So bildet beispielsweise das ehemalige Landesgesundheitsamt heute eine Abteilung des Regierungspräsidiums Stuttgart. Die Oberfinanzdirektionen mit regionaler Zuständigkeit wurden gleichzeitig zu einer fortan landesweit zuständigen Landesoberbehörde verschmolzen. Als weitere Landesoberbehörden blieben daneben nur noch das Landesarchiv, das Landesamt für Verfassungsschutz, das Landeskriminalamt, das Statistische Landesamt sowie das Landesamt für Besoldung und Versorgung mit Sitz in Fellbach erhalten. Als höhere Sonderbehörden überlebten nur die Körperschaftsforstdirektionen und die Rechungsprüfungsämter, als untere Sonderbehörden zunächst nur die Finanzämter, nach einer später vorgenommenen Korrektur der Reform auch die staatlichen Schulämter. Trotz mancher Misshelligkeiten und Ungereimtheiten war die von Erwin Teufel initiierte Verwaltungsreform insgesamt wohl doch ein großer Wurf. Die 20 %-Personalrendite harrt freilich einstweilen noch ihrer vollständigen Erwirtschaftung.

2004 gerieten beide Regierungsparteien in schwere Fahrwasser. Am 18. Juni erklärte Wirtschaftsminister Döring, stellvertretender Ministerpräsident, Landesvorsitzender der FDP und stellvertretender Bundesvorsitzender seiner Partei, den Rückzug von allen politischen Ämtern zum 1. Juli wegen der dubiosen Finanzierung einer von ihm in Auftrag gegebenen Umfrage zur Wirtschaftspolitik des Landes. Am 22. Juli vollzog diesen Schritt auch die zweite Vertreterin der Liberalen im Kabinett, Justizministerin Corinna Werwigk-Hertneck, die erst im Dezember 2002 Ulrich Goll abgelöst hatte, weil sie Döring angeblich vorzeitig über die gegen ihn laufenden Ermittlungen unterrichtet hatte. Nachfolger im Amt des Justizministers wurde ihr Vorgänger Goll, während Ernst Pfister das Amt des Wirtschaftsministers übernahm. Der Ministerpräsident nahm diese Personalveränderungen auf Seiten des Koalitionspartners zum Anlass, auch ein Revirement bei den CDU-Vertretern in der Regierung vorzunehmen. Heribert Rech wurde neuer Innenminister, Tanja Gönner neue Sozialministerin und Stefan Mappus neuer Umweltminister.

Inzwischen verstärkte sich gleichwohl der Druck auf den Regierungschef aus den eigenen Reihen, Platz für einen Nachfolger zu machen, der die CDU als unverbrauchtes Gesicht in die nächste Landtagswahl führen würde. Erwin Teufel regierte zu diesem Zeitpunkt schon mehr als dreizehn Jahre und damit länger als jeder seiner Vorgänger. Obwohl er keinerlei Ermüdungserscheinungen zeigte, und niemand ihm den Vorwurf machen konnte, in Routine erstarrt zu sein, fürchteten doch nicht wenige Christdemokraten, dass das Publikum des Ministerpräsidenten überdrüssig sein könne und daher eine Abwahl wie diejenige von Bundeskanzler Helmut Kohl im Jahre 1998 drohe. So machte alsbald das Wort »Unser Helmut heißt Erwin« die Runde. Den peinlichen Höhepunkt des parteiinternen Zwists bildete ein handfest ausgetragener Schlagabtausch zwischen Staatsminister Christoph Palmer, einem treuen Gefolgsmann des Ministerpräsidenten, und dem Waiblinger Bundestagsabgeordneten Pfeiffer, der einen Wechsel an der Spitze des Landes befürwortete, am Abend des 24. Oktober 2004 bei der Siegesfeier der CDU aus Anlass der Wiederwahl von Wolfgang Schuster zum Stuttgarter Oberbürgermeister. Von derlei unangenehmen Auftritten und einem nicht mehr zu überhörenden Murren in der CDU-Fraktion dann doch beeindruckt, erklärte Teufel am 25. Oktober 2004 seinen Rückzug zum April des darauf folgenden Jahres. Als Nachfolgerin im Amt empfahl er Kultusministerin Annette Schavan. In Fortsetzung einer nun schon zur Tradition gewordenen Übung erhob aber auch der Fraktionsvorsitzende der CDU im Landtag, Günther Oettinger, Anspruch auf das Amt des Regierungschefs. Da beide Kandidaten in den Mehrheiten von Parteivorstand und Fraktion jeweils mächtige Verbündete besaßen, entschloss sich die Parteiführung zu einem für die CDU außergewöhnlichen Verfahren, indem sie die Benennung des künftigen Ministerpräsidenten geradezu basisdemokratisch dem Votum der Parteimitglieder unterwarf. Bei der im Dezember 2004 durchgeführten Mitgliederbefragung setzte sich Oettinger, der dem altwürttembergisch-protestantischen Milieu entstammte, gegen die katholische Rheinländerin Schavan mit einem Verhältnis von 60:40 glatt durch. Am 21. April 2005 wurde er zum siebten Ministerpräsidenten des Südweststaats gewählt. Dabei erhielt er drei Stimmen mehr, als die Regierungsfraktionen Mitglieder zählten. Mancher mochte darin ein gutes Omen für eine erfolgreiche Regierungstätigkeit erblicken.

Die kurze Ära des Günther Oettinger (2005–2010)

Mit der Wahl Oettingers zum neuen Regierungschef schied Stefan Mappus nach nur kurzer Amtszeit aus dem Kabinett wieder aus und übernahm den Vorsitz der CDU-Landtagsfraktion. Von durch und durch konservativer Gesinnung, bildete er fortan den innerparteilichen Gegenpol zum Ministerpräsidenten, dem der Ruf des urbanen Liberalen voraus eilte. Oettinger war ein überaus fleißiger und ebenso effizienter wie wohl informierter Fraktionsvorsitzender gewesen. Jetzt, als Ministerpräsident verfiel er in eine Rastlosigkeit, die gelegentlich Kritik hervorrief; und mancher fragte sich, ob wirklich jede Feierstunde, jede Eröffnung, jede Einweihung im Land die Anwesenheit des Regierungschefs erforderte. Der Eindruck der Rastlosigkeit wurde noch verstärkt durch die schnelle Sprechweise im unnachahmlichen Tonfall des Honoratioren-Schwäbisch, die dem Ministerpräsidenten eignete. Diese Äußerlichkeiten im Verein mit gelegentlichen Ungeschicklichkeiten wie der missglückten Rede bei der Trauerfeier für Hans Filbinger oder manchen Äußerungen im Streit um die badischen Kulturgüter verhinderten, dass sich Oettinger je die Aura eines allseits respektierten Landesvaters erwarb. Anders als Lothar Späth, mit dem er nicht nur von der regionalen Herkunft her noch am ehesten zu vergleichen war, wuchs Oettinger auch nicht in eine bundespolitisch bedeutsame Rolle – wenigstens innerhalb seiner Partei – hinein. Differenzen mit der CDU-Bundesvorsitzenden Angela Merkel, die im Herbst desselben Jahres Bundeskanzlerin wurde und als solche Kultusministerin Schavan nach Berlin holte, waren jedenfalls unübersehbar.

Obwohl ein langanhaltender Streik im Öffentlichen Dienst während der ersten Monate des Jahres 2006 das öffentliche Leben lähmte – manche Städte versanken regelrecht im Müll – gelang es Oettinger, die Wahl vom 26. März 2006 für die CDU bei minimalen Verlusten siegreich zu gestalten. Wieder wurde die absolute Mehrheit mit 69 von nunmehr 139 Mandaten nur knapp verfehlt, was der FDP, die deutliche Gewinne verzeichnen durfte, die Möglichkeit zur Fortsetzung der Koalition eröffnete. Auch die GRÜNEN gewannen beträchtlich hinzu, derweil die SPD mit ihrer jungen Spitzenkandidatin Ute Vogt wieder einmal einen Absturz auf nur etwas mehr als 25 % der Stimmen hinnehmen musste. Vogt, die als

Spitzenkandidatin – freilich damals aus der Rolle der Bundespolitikerin heraus – schon 2001 gescheitert war, blieb auch danach glücklos. 2008 verzichtete sie auf das Amt der SPD-Fraktionsvorsitzenden im Landtag, 2009 auch auf jenes der SPD-Landesvorsitzenden.

Die Schwerpunkte der Landespolitik in der nachfolgenden Legislaturperiode lagen in den Bereichen Finanzen und Bildung. In der Finanzpolitik konnte das schon so oft propagierte und immer wieder vertagte Ziel der Nullverschuldung im Jahre 2008 endlich erreicht werden. Doch schon im Folgejahr, für den der Haushalt nochmals ausgeglichen gestaltet werden konnte, deutete sich im Zusammenhang mit der Finanzkrise ein erneuter Übergang in die Schuldenwirtschaft an. Die LBBW benötigte seit dem Herbst 2008 erhebliche Finanzspritzen, massive Steuerausfälle führten seit 2009 zu beträchtlichen Mindereinnahmen, die für die Jahre 2010 bis 2012 auf Summen zwischen 1,7 und 2 Milliarden € geschätzt wurden. Dazu kamen Ausfälle aus dem *Bürgerentlastungsgesetz* der Großen Koalition in Berlin und dem *Wachstumsbeschleunigungsgesetz* der neuen, seit Oktober 2009 amtierenden Bundesregierung aus CDU/CSU und FDP. Ob unter solchen Umständen und bei einem Schuldenstand von 42 Milliarden € (= 82 Mrd. DM) im Jahre 2009 das ab 2020 für die Bundesländer geltende Verbot, noch weiter Schulden zu machen, wie es mit der im Frühsommer 2009 von Bundestag und Bundesrat verabschiedeten Föderalismusreform II in Kraft getreten ist, beachtet werden kann, bleibt abzuwarten. Baden-Württemberg steht hier jedenfalls besonders im Wort, war die Föderalismusreform II doch die wichtigste Leistung Günther Oettingers auf bundespolitischer Ebene. Als Sprecher der CDU / CSU hatte er die entsprechende Kommission zusammen mit Peter Struck, dem SPD-Fraktionsvorsitzenden im Bundestag, geleitet.

Von finanzpolitischen Überlegungen war auch die Bildungspolitik des Landes in starkem Maße beeinflusst. Schon zum Schuljahresbeginn 2004 hatte man die Verkürzung der Gymnasialbildung von neun auf acht Jahre eingeführt – sicher nicht ohne den Hintergedanken, dadurch künftig Lehrerstellen streichen zu können. G 8 stand in der Folgezeit unter heftiger Kritik – insonderheit seitens der betroffenen Eltern, die eine Überlastung ihrer Kinder vor allem in den Anfangsjahren des Gymnasiums bemängelten. Auch wurde der Sinn der Maßnahme, als deren Grund eine Anpassung an internationale Standards ausgegeben wurde, später dadurch wieder in Frage gestellt, dass man die Einführung eines propädeutischen Jahres an den Universitäten in die Diskussion einführte, um die Studierfähigkeit der Erstsemester zu sichern. Die seit längerem zu beobachtende Tendenz, den gymnasialen Unterricht zumindest in der Oberstufe immer weiter zu akademisieren, blieb auch nach der Einführung von G 8 ungebrochen.

Demgegenüber wurden die Studiengänge an den Universitäten im Rahmen des seit 1999 auch in Baden-Württemberg vorangetriebenen *Bologna-Prozesses* mit der Einführung von Bachelor- und Master-Studiengängen immer stärker verschult. Dem neuen System, dessen Hauptziele – Verkürzung der Studienzeiten, Erhöhung der Mobilität und Verringerung der Abbruchquoten – bislang gründlich verfehlt wurden, hat man teilweise auch international besonders anerkannte deutsche Studienabschlüsse wie den des Diplom-Ingenieurs geopfert und mit der Modularisierung im übrigen ein System angelsächsischer Provenienz adaptiert, das in seinen Ursprungsländern nur aus der Verlegenheit entstand, das Fehlen einer geordneten Berufsausbildung kompensieren zu müssen. Rätselhaft mochte manchem darüber hinaus wohl auch erscheinen, warum man mit der freilich eher äußerlich gebliebenen Übernahme der Formen des akademischen Lebens in den USA ausgerechnet das System *des* Landes zum Vorbild nahm, das nun schon seit Jahrzehnten in Permanenz die absolut höchsten Haushalts-, Handels- und Leistungsbilanz*defizite* in der Welt erzielt. Spätestens 2009 wurde denn auch öffentlich anerkannt, dass manche Reformen im Hochschulbereich der Korrektur bedürfen. Inwieweit daraus Lehren gezogen werden, wird die Zukunft erweisen.

Immerhin konnte Baden-Württemberg auch im letzten Jahrzehnt seinen Ruf als Deutschlands Hochschulland Nummer eins erfolgreich verteidigen. Dies galt ebenso für die Zahl der entsprechenden Bildungsstätten und der hier unterrichteten Studierenden wie für die Qualität der Hochschulen. Die von Bund und Land ausgerufene Exzellenzinitiative bewies dies 2006/07 in aller Deutlichkeit. Von insgesamt zehn deutschen Universitäten, die in den Genuss der ausgelobten zusätzlichen Mittel kamen, waren es mit den Universitäten Karlsruhe, Freiburg, Heidelberg und Konstanz immerhin vier in Baden-Württemberg, denen die internationalen Juroren die begehrte »Exzellenz« bescheinigten.

Schon unter Erwin Teufel waren gewaltige und kostspielige Projekte zur Verbesserung der Infrastruktur des Landes projektiert und in ersten Ansätzen auch auf den Weg gebracht worden. Von diesen konnte jedoch nur der Bau der Landesmesse auf den Fildern bei Stuttgart gegen den heftigen Widerstand der Gemeinde Leinfelden-Echterdingen und vieler betroffenen Grundstücksbesitzer noch unter Oettinger verwirklicht werden. Schon seit 1993 geb es Überlegungen, die 1951 eröffnete Stuttgarter Messe auf dem Killesberg, deren weiterer Ausbau an unüberwindliche Grenzen gestoßen war, auf ein verkehrsgünstig gelegenes Gebiet außerhalb der Stadtgrenzen zu verlegen. 1998 wurde ein Landesmessegesetz verabschiedet, doch erst 2004 konnte nach einem höchstrichterlichen Urteil des Bundesverwaltungsgerichts und dem »Herauskaufen« einzelner Bauern zur Abwendung weiterer Klagen der erste Spatenstich erfolgen. Danach ging es indes zügig voran. 2007 bereits wurde der Messeneubau, der mehr als 800 Millionen € verschlang, seiner Bestimmung übergeben. Mit über 100 000 Quadratmetern Ausstellungsfläche besitzt Baden-Württemberg seither eine erstrangige Messe in unmittelbarer Nähe zu Autobahn und Flughafen, als deren weithin sichtbares Wahrzeichen ein riesiges Parkhaus die Autobahn Karlsruhe-München überspannt. Ob sich Stuttgart neben den traditionsreicheren großen deutschen Messestandorten, von denen mit wenigen Ausnahmen alle tief rote Zahlen schreiben, wird behaupten können, bleibt freilich abzuwarten. Einem erfolgversprechenden Jahr 2008 folgte jedenfalls schon 2009 ein herber Rückschlag.

Ebenso bleibt abzuwarten, ob das zweite, schon 1994 vom damaligen Bahnchef Heinz Dürr erstmals vorgestellte Großprojekt, der Umbau des Stuttgarter Hauptbahnhofs von einem oberirdischen Sackbahnhof zum unterirdischen Durchgangsbahnhof mit direktem Anschluss an den Flughafen und eine neu zu errichtenden Schnellbahntrasse in Richtung Ulm und München, angesichts der drohenden Haushaltsrisiken verwirklicht werden kann. Un-

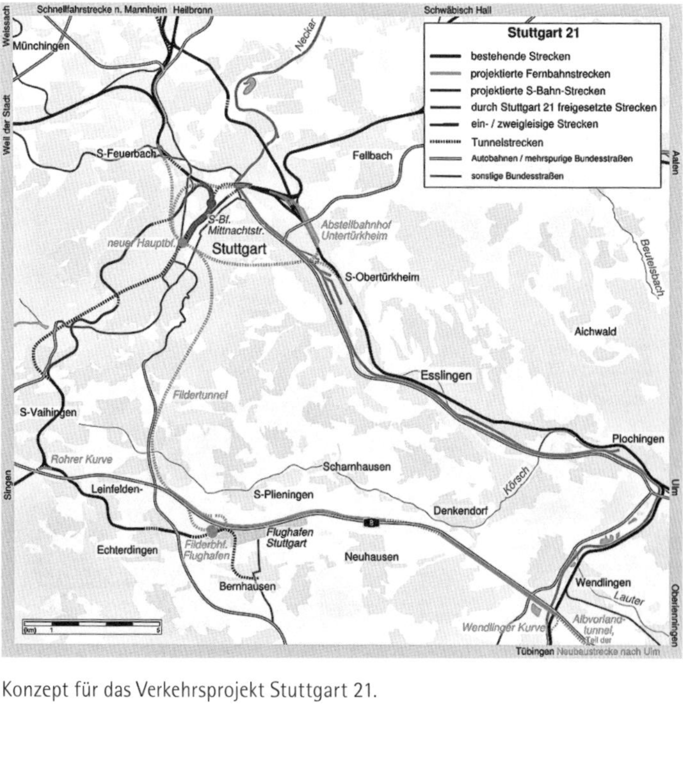

Konzept für das Verkehrsprojekt Stuttgart 21.

bestreitbar würde das unter dem Namen *Stuttgart 21* firmierende Bahnhofsprojekt für die Landeshauptstadt selbst einen erheblichen Zugewinn an urbaner Qualität bedeuten, wahrscheinlich aber auch als negativ empfundene Rückwirkungen auf Boden- und Mietpreise in der Innenstadt zeitigen. So formierte sich denn auch schon früh Widerstand gegen das Projekt – insbesondere seitens der GRÜNEN und Teilen der Stuttgarter Bürgerschaft. 67 000 Unterschriften, die im November 2007 vorgelegt wurden, um einen Bürgerentscheid herbei zu führen, fruchteten jedoch nichts. Im Februar 2010 erfolgte der erste Spatenstich.

Nach vierjähriger Amtszeit war die Stellung des Ministerpräsidenten im Kern zwar noch unerschüttert, doch machte sich in Kreisen der CDU Besorgnis breit, die gelegentlich fehlende Fortune des Spitzenmannes könne der Partei dereinst doch zum Nachteil gereichen. So mochte es manchem als Glücksfall erscheinen, dass Bundeskanzlerin Merkel nach ihrem eigenen Wahlsieg im September

Günther Oettinger und Stefan Mappus.

2009 Ministerpräsident Oettinger Ende Oktober zum Kandidaten für das Amt des von Deutschland zu nominierenden EU-Kommissars erkor. Die Frage, wer Oettinger in Baden-Württemberg nachfolgen sollte, wurde binnen weniger Tage gelöst. Der Landesparteitag der CDU in Friedrichshafen bestätigte am 20. November 2009 diese Lösung schließlich auch förmlich, indem er Stefan Mappus, den Vorsitzenden der Fraktion im Landtag, zum neuen Landesvorsitzenden und Spitzenkandidaten für die Landtagswahl 2011 wählte und ihn damit gleichzeitig zum Ministerpräsidenten und Nachfolger Oettingers designierte. Der Amtswechsel vollzog sich am 10. Februar 2010. Bis auf eine konnte Mappus, der – durch die bitteren Erfahrungen von Erwin Teufel gewitzt – sein Kabinett erst später vorstellte, alle Stimmen der Koalitionsfraktionen auf sich vereinigen. Gleichzeitig endete für Günther Oettinger die kürzeste Amtszeit, die einem Stuttgarter Ministerpräsidenten zumindest in der Nachkriegszeit beschieden war.

Mit Stefan Mappus avancierte erstmals ein Mann zum neuen Hausherrn der Villa Reitzenstein, für den eine landsmannschaftliche Zuordnung nach »badisch« oder »württembergisch« kaum noch möglich ist. Im altbadischen Pforzheim geboren, ist er doch gleich hinter der alten Landesgrenze im altwürttembergischen Enzberg aufgewachsen, lebt heute aber wieder in seiner Geburtsstadt, die er als Abgeordneter auch im Landtag vertritt. Man könnte ihn, der im Übrigen auch schon lange nach der Gründung des Landes 1966 zur Welt kam, daher als erstes »echtes« Landeskind im Amt des Ministerpräsidenten von Baden-Württemberg bezeichnen. Das Kabinett, das am 23. Februar 2010 vorgestellt wurde, blieb weitgehend unverändert. Die einzig bedeutsame Veränderung betraf das Kultusministerium. An die Stelle des als Nachfolger von Annette Schavan seit 2005 amtierenden Helmut Rau, der im Dialog mit Lehrer- und Elternschaft wenig Geschick bewiesen hatte und deshalb seinen Sessel räumen musste, um freilich an die Spitze des Staatsministeriums zu rücken, trat die zunächst noch parteilose bayerische Bildungsexpertin Marion Schick. Ansonsten erhielt nur das Landwirtschaftsressort einen neuen Chef. Hier trat Rudolf Köberle die Nachfolge von Peter Hauk an, den die Landtagsfraktion zuvor gegen zwei Mitbewerber gleich im ersten Wahlgang zu ihrem Vorsitzenden und damit (nach allen bisherigen Erfahrungen) zum zweiten Mann in der CDU-Hierarchie gewählt hatte. Wenn Mappus bei der Regierungsbildung dergestalt auf Kontinuität und nur im Kultusressort einen starken Akzent in Richtung auf einen Neubeginn setzte, hatte er sicher nicht zum Wenigsten die schon im Folgejahr anstehende Landtagswahl im Auge.

Kulturland Baden-Württemberg

Was die regionalen Strukturen des Kulturlebens in Baden-Württemberg anlangt, so entsprechen sie ganz denen der Wirtschaft des Landes. Und wie dort sind sie das Ergebnis einer langen historischen Entwicklung. Zwar nimmt die Landeshauptstadt auch in kultureller Hinsicht – für sich allein, aber erst recht unter Einschluss ihres bei Kulturinitiativen überraschend aktiven Umlandes, wo sich 34 Gemeinden zum *Verein Kulturregion Stuttgart* zusammengeschlossen haben – unbestritten die zentrale Position im Lande ein, doch konzentriert sich das Kulturleben in Baden-Württemberg nicht wie in Bayern ganz und gar auf eine alles beherrschende Metropole, die kein Kulturschaffender umgehen kann, ohne erheblichen Nachteil zu riskieren. Im Südwesten entfaltet sich ein reiches kulturelles Leben vielmehr auch fern der Hauptstadt wie überhaupt der großen Städte, in der gesamten Fläche des Landes, dezentral, bunt diversifiziert und mit einer Intensität, die ihresgleichen in Deutschland sucht. Daraus erwächst dem Land eine besondere Stärke, ein charakteristisches Profil als lebendiger großer Kulturraum, umgekehrt aber auch das Defizit einer fehlenden Metropolen-Kultur, die jener Berlins, Hamburgs oder Münchens gleich käme. Für Baden-Württemberg gilt in kleinerem Maßstab, was für Deutschland im Ganzen gilt, dass es entweder überall Provinz ist, eher aber doch nirgends. So wie Deutschland, insofern es keine Metropole besitzt, deren Rolle als gleichermaßen administratives, ökonomisches und kulturelles Zentrum des gesamten Staatsgebildes mit der von London oder Paris auch nur entfernt zu vergleichen wäre, so ist Baden-Württemberg in ökonomischer, aber eben auch in kultureller Hinsicht ein polyzentrischer Raum, der neben einem deutlichen Schwerpunkt am mittleren Neckar um Stuttgart viele weitere Orte aufweist, die nicht nur auf die jeweilige Region ausstrahlen, sondern oft landesweite und mitunter gar nationale oder internationale Bedeutung besitzen.

Das historische Erbe

In Baden-Württemberg gibt es mannigfache Fundstätten und Zeugnisse zur Erdgeschichte (am bekanntesten sind hier wohl noch immer die Urweltfunde von Holzmaden vor dem Albaufstieg) wie zur Geschichte der Menschheit in der Zeit vor dem Einsetzen schriftlicher Überlieferung. Aus der Jungsteinzeit ragen die Pfahlbauten am Bodensee und am Federsee sowie die Funde am Michelsberg bei Bruchsal, aus der Ära keltischer Besiedlung das Grab des Fürsten von Hochdorf im Kreis Ludwigsburg und die mächtige Heuneburg an der oberen Donau als besonders eindrucksvolle Beispiele vorgeschichtlicher Zivilisationen hervor. Wie es für ein Land, das in den ersten Jahrhunderten der christlichen Zeitrechnung fast vollständig zum Römischen Weltreich gehörte, nicht anders zu erwarten steht, ist das römische Erbe überreich und fast schon ubiquitär. Grabungsstätten finden sich überall, von Ladenburg in der Kurpfalz bis nach Heitersheim und Badenweiler im Markgräfler Land, von Stettfeld am Rand des Kraichgaus bis nach Rottweil am oberen Neckar. Der Obergermanisch-rätische Limes, der das Land vom Main bis zum Remstal von Nord nach Süd durchzieht, um sich an einem markanten Knick bei Lorch nach Osten über die Landesgrenze zu Bayern hinaus an die Donau zu wenden, wurde 2005 als Teil eines Großprojekts »Römische Reichsgrenzen« zum Weltkulturerbe der UNESCO erklärt und besitzt im *Limes-Museum* von Aalen einen Ort besonderer Pflege und instruktiver Vermittlung.

Auch die Klosterinsel Reichenau im Bodensee mit ihren wichtigen Bauten und Relikten aus dem frühen Mittelalter ist seit dem

Das Kloster Maulbronn.

Jahr 2000 UNESCO-Weltkulturerbe. Schließlich besitzt Baden-Württemberg mit dem Kloster Maulbronn im württembergischen Teil des Kraichgaus als der am besten erhaltenen Klosteranlage des hohen Mittelalters nördlich der Alpen ein drittes Monument, das bereits 1993 in den Rang eines Erbes der Menschheit erhoben wurde. Das hohe Mittelalter hat aber auch sonst viele einzigartige Zeugnisse seiner Kunst und Architektur im Lande hinterlassen. Während romanische Bauten hier eher seltener sind als links des Rheins im Elsass und der Pfalz, sind Zeugnisse der Gotik zahlreich vertreten – darunter als herausragende Beispiele die herrlichen Münster von Freiburg und Ulm.

Aus dem späten Mittelalter und der frühen Neuzeit tradieren in Baden-Württemberg viele Altstädte und Schlossbauten. Unter allen Bundesländern besitzt der Südweststaat die größte Zahl von Städten, die ihr Stadtrecht vor 1800 erlangten. Infolge der Zerstörungen des Zweiten Weltkriegs wie auch des nachfolgenden, oft bedenkenlos hastig durchgeführten Wiederaufbaus rangiert das Land bei der Zahl der Stadtkerne mit besonderer Denkmalbedeutung jedoch nach Bayern erst an zweiter Stelle. Gleichwohl ist die Vielfalt an sehenswerten Ortsbildern und einzigartigen Stadtgrundrissen im Land noch beachtlich genug. Ein romantisches Bild geschlossener Ensembles bieten dabei insbesondere die mittleren Reichsstädte wie Schwäbisch Hall, Esslingen, Biberach, Ravensburg und Rottweil, aber auch die winzigen wie Weil der Stadt, Zell am Harmersbach oder Wangen im Allgäu. Als hervorragende Beispiele für Planstädte der Neuzeit sind insbesondere Freudenstadt, Mannheim und Karlsruhe mit ihren außergewöhnlichen Stadtgrundrissen zu nennen.

Auch die Renaissance ist im Land mit eindrücklichen Monumenten vertreten – insbesondere im württembergischen Landesteil mit den Bauten von Heinrich Schickhardt. Sie sind seit 2004 durch eine Kulturstraße des Europarats, die sich über den Schwarzwald bis in die alten württembergischen Außenbesitzungen im südlichen Elsass und der nördlichen Franche Comté zieht, mit einander verbunden. Während Schlossbauten des 16. Jahrhunderts wie auch sonst in Deutschland in Baden-Württemberg eher selten sind – der Ottheinrichsbau der Heidelberger Schlossruine und das Schloss von Weikersheim in Franken wären hierfür im Südwesten wohl die besten Beispiele – sind Residenz- und Lustschlösser aus dem frühen 18. Jahrhundert auf dem Boden des Südweststaats so zahlreich, dass ein Bildungstourist doch einige Zeit mit deren Besuch verbringen könnte. Während jedoch die Schlösser von Ludwigsburg, Bruchsal und Rastatt nach aufwändigen Restaurierungen auch im Innern in ihrer alten Pracht erstrahlen, bewahren die Residenzschlösser von Mannheim, Karlsruhe und Stuttgart nach vielfältigen Umnutzungen ihr altes Bild fast nur noch nach außen, indem sie – von wenigen Repräsentationsräumen abgesehen – heute ganz unterschiedlichen öffentlichen Zwecken dienen.

Fast mehr noch als in die Wiederherstellung des Prunks fürstlicher Hofhaltung im Zeitalter des Absolutismus hat das Land in die Restaurierung der großartigen Klosterbauten des 18. Jahrhunderts investiert, von denen Baden-Württemberg neben Bayern in Deutschland die meisten besitzt. Um die schon damals aufkommenden Gedanken an eine Säkularisation zu verscheuchen und ihre reichsfreie Herrschaft demonstrativ nach außen zu legitimieren, haben die Äbte und Äbtissinnen der einstigen Reichsprälatenklöster im Ancien Régime Kirchen und Hofhaltungen errichten lassen, die ihres gleichen suchen. Vom Tal der Jagst (Schönthal und Ellwangen) über das Härtsfeld (Neresheim), die Schwäbische Alb (Zwiefalten) spannt sich ihr Bogen bis an die Donau (Obermarchtal) und nach Oberschwaben, wo sich die Sakralbauten des Barock, des Rokoko und sogar eines frühen Klassizismus konzentrieren und in den prachtvollen Anlagen von Ochsenhausen, Schussenried, Weißenau, Weingarten, Rot an der Rot, Buchau und Salem einen Höhepunkt nach dem anderen erleben. Mit diesen wenigen Beispielen, denen sich aus dem 19. und 20. Jahrhundert noch viele weitere beigesellen ließen, ist der Reichtum des Landes an historischer Bausubstanz aus allen Epochen europäischer Kunstgeschichte natürlich nur angedeutet – ein Reichtum, dessen Erhaltung und Pflege freilich auch erheblicher öffentlicher Mittel bedarf.

Archive, Bibliotheken, Museen

Archive sind das Gedächtnis des Landes wie seiner Kommunen und Körperschaften. Sie haben sich während der vergangenen Jahrzehnte durch Publikationen, Vortragsreihen, vor allem aber durch sorgfältig zusammengestellte Ausstellungen mehr und mehr auch zu Einrichtungen der öffentlichen Bildung entwickelt, sind nicht länger mehr nur Hüter der den Historikern vorbehaltenen arcana imperii. Das Land unterhält seit der von Erwin Teufel betriebenen

Verwaltungsreform ein einheitlich organisiertes Landesarchiv, in dem die vormals selbstständigen Archive zusammengefasst sind. Die zentrale Überlieferung des Landes selbst und ein Großteil der Überlieferung des älteren Landes Württemberg wird im *Hauptstaatsarchiv* Stuttgart verwahrt, der Hauptteil der badischen Überlieferung im *Generallandesarchiv* in Karlsruhe als dem größten historischen Archiv im deutschen Südwesten überhaupt. Neben einigen Archiven, die aus älteren Adelsarchiven hervorgegangen sind, gehören zum Landesarchiv darüber hinaus noch die jüngeren Staatsarchive in Freiburg, Ludwigsburg und Sigmaringen.

In Baden-Württemberg gibt es mehr als 1000 Bibliotheken, von denen die meisten natürlich in kommunaler Regie geführt werden. Das Land selbst unterhält neben den Bibliotheken der Universitäten und Hochschulen zwei *Landesbibliotheken* in Stuttgart und Karlsruhe und führt damit die Tradition der älteren Länder fort. Die Doppelung der Landesbibliotheken, die auch für die Staatstheater und Landesmuseen gilt, wird in der landeskundlichen Literatur oft stark heraus gestellt (»es gibt alles im Doppelpack«) – als sei die Bilokalität dieser Institutionen eine Besonderheit des Landes und vielleicht ein Zugeständnis an badische Empfindlichkeit. Diese Sicht der Dinge, die eine rein württembergische Perspektive verrät, insofern sich im alten Württemberg natürlich alle Landesinstitutionen in Stuttgart konzentrierten, verkennt, dass auch andere Bundesländer Bibliotheken, Theater und Museen an mehreren Standorten – Hessen etwa oder Niedersachsen sogar dreifach – unterhalten. Insofern bildet die Tatsache, dass in Baden-Württemberg eine *Württembergische* neben einer *Badischen* Landesbibliothek existiert, kein Spezifikum des Südweststaats. Sie entspricht vielmehr der in Deutschland allgemein geübten Praxis, die tradierte Kultur jener Residenzstädte des 19. Jahrhunderts, die ihre Hauptstadtfunktion im 20. verloren haben, fortzuführen.

Auch bei den Museen entspricht jeweils einem württembergischen in Stuttgart ein badisches Pendant in Karlsruhe. Das *Lan-*

desmuseum Württemberg und das *Badische Landesmuseum* präsentieren in ihrem Dauerbestand reiche historische Sammlungen von der Vorgeschichte und Antike bis zur Gegenwart; sie zeigen aber auch regelmäßig aufwändig gestaltete Sonderschauen, die sogar ein Publikum anziehen, das von weit her anreisen muss. Die beiden Kunstmuseen des Landes, die *Staatsgalerie* in Stuttgart und die *Kunsthalle* in Karlsruhe, gehören zu den bedeutendsten Museen der Bildenden Kunst in Deutschland. Einen Schwerpunkt ihrer Sammlung setzt die Staatsgalerie dabei in der Kunst der Moderne, die Kunsthalle in jener des 19. Jahrhunderts. Die Doppelung gilt schließlich auch für die beiden vom Land unterhaltenen Naturkundemuseen in Stuttgart und Karlsruhe, von denen letzteres als Besonderheit in einem Vivarium auch lebende Tiere präsentiert. Bei der Völkerkunde wenigstens steht Stuttgart dann aber doch allein: sein *Lindenmuseum* – eines der wichtigsten ethnologischen in Deutschland – findet in Karlsruhe keine Entsprechung. Das *Archäologische Landesmuseum* hat seinen Hauptsitz jedoch weder in Stuttgart noch in Karlsruhe, sondern in Konstanz. Unter den vom Land ansonsten unterhaltenen Museen ragen die bereits erwähnten Neugründungen der Ära Späth – das *Landesmuseum für Technik und Arbeit* in Mannheim und das *Zentrum für Kunst- und Medientechnologie* in Karlsruhe besonders hervor.

Die meisten Museen im Land werden indes von den Kommunen unterhalten. Besonders intensiv sind dabei die Anstrengungen der Stadt Mannheim, wo man seit dem Verlust der Residenzfunktion 1778 und dem Übergang an Baden 1802/03 gewohnt ist, den Ausfall des Fürsten bzw. des Staates durch eigenes bürgerschaftliches Engagement zu ersetzen. So unterhält die Stadt eine eigene *Kunsthalle* und mit den *Reiss-Engelhorn-Museen* ein weit über die Grenzen der Region hinaus bekanntes kulturhistorisches museales Zentrum, das vor allem auch durch seine Sonderausstellungen auf sich aufmerksam macht. Als herausragendes Beispiel eines Museums in kommunaler Trägerschaft ist schließlich die *Kunsthalle* in Tübingen zu nennen – und auch sie verdankt ihren sogar internationalen Ruf in hohem Maße den Sonderausstellungen. Speziellen Themen sind viele weitere Museen gewidmet, die lokale und regionale Spezifika zur Anschauung bringen – wie das *Schmuckmuseum* in Pforzheim, das *Literaturmuseum der Moderne und Schiller-Nationalmuseum* in Marbach am Neckar und das *Museum der Brotkultur* in Ulm. Auch die in den 70er und 80er Jahren überall in Deutschland populär gewordenen, inzwischen teilweise aber oft wieder etwas vernachlässigten Freilichtmuseen sind im Land mit den Museumsdörfern von Kürnbach (Kreis Biberach), Gottersdorf (Neckar-Odenwald-Kreis), Gutach (Ortenaukreis), Neuhausen ob Eck (Kreis Tuttlingen), Beuren (Kreis Esslingen), Wolfegg (Kreis Ravensburg) und Wackershofen (Kreis Schwäbisch Hall) prominent vertreten.

Insgesamt ist die Zahl der Museen v.a. während der 80er und 90er Jahre enorm gestiegen. Gab es 1980 noch 506 Museen im Land, waren es 2005 nicht weniger als 1227, von denen freilich nur etwa 300 durch hauptamtliche Kräfte geführt wurden. In diesen Zahlen kommt die Kehrseite der in erster Linie vom Verewigungsinstikt mancher Politiker getriebenen Gründungseuphorie zum Ausdruck. Nach Gründung und Eröffnung, die im Event-Zeitalter für kurze Zeit auch die jeweiligen Initiatoren in den Mittelpunkt öffentlicher Aufmerksamkeit zu rücken vermögen, fehlt häufig das Geld für einen angemessenen Betrieb, eine zureichende Ausstattung und eine professionelle Betreuung der neuen Institutionen.

Über fehlende Mittel dürften die Museen, die auf private Initiativen zurück gehen, wenigstens in nächster Zeit nicht zu klagen haben. Die Kunstsammlungen von Frieder Burda und Reinhold Würth, von denen erstere in Baden-Baden in einem spektakulären Bau neben der *Staatlichen Kunsthalle*, die zweite in Künzelsau und in Schwäbisch Hall gezeigt wird, sind sicher ebenso dauerhaft fundiert wie die noch jungen Firmenmuseen von Mercedes und

Porsche in Stuttgart. Bei den Würthschen Sammlungen hat man sich dabei ebenso um eine avantgardistische Architektur bemüht wie bei den beiden Firmen des Automobilbaus. Sie werden hinsichtlich ihrer Extravaganz vom *Vitra Design Museum* in Weil am Rhein – einem Bau von Frank Gehry von 1988/89 – aber vielleicht noch übertroffen.

Eher konventionell geben sich dagegen die vom Bund in Baden-Württemberg unterhaltenen musealen Institutionen. Auf eine Initiative von Bundespräsident Gustav Heinemann geht die *Erinnerungsstätte für die Freiheitsbewegungen in der der deutschen Geschichte* zurück, die in einem Seitenflügel des Rastatter Schlosses untergebracht ist und als Abteilung des Bundesarchivs geführt wird. Darüber hinaus unterhält der Bund auch die *Stiftung-Bundespräsident-Theodor-Heuss-Haus* im ehemaligen Wohnhaus des ersten Bundespräsidenten auf dem Killesberg in Stuttgart sowie die *Reichspräsident-Friedrich-Ebert-Gedenkstätte* in Heidelberg.

Theater und Film

Unter den Theatern des Landes gebührt der erste Rang sicher dem *Württembergischen Staatstheater* in Stuttgart, das vor allem wegen seiner seit John Cranko weltberühmten Ballett-Compagnie, aber auch wegen seiner herausragenden Oper zu den führenden Bühnen in Deutschland gehört. Aber auch das *Badische Staatstheater* in Karlsruhe genießt einen überregionalen Ruf und war schon oft Sprungbrett für große Karrieren. Weitere Drei-Sparten-Theater gibt es auf der Basis kommunaler Trägerschaft (aber doch mit finanzieller Unterstützung des Landes) in Mannheim, Heidelberg, Freiburg, Ulm und Pforzheim. Unter diesen kommt dem Mannheimer *Nationaltheater* als größter kommunaler Bühne in Deutschland wohl die größte Bedeutung zu. Unter den Theatern, die nicht alle Sparten bedienen, sind zuvörderst die Stadttheater von Aalen,

Festspielhaus Baden-Baden.

Baden-Baden, Heilbronn und Konstanz zu nennen. Der ländliche Raum wird von den drei *Landesbühnen* bespielt, die ihren festen Sitz in Bruchsal, Esslingen und Tübingen/Reutlingen unterhalten. Auf eine private Initiative geht das am 18. April 1998 eröffnete Festspielhaus in Baden-Baden zurück, das sich nach anfänglichen finanziellen Schwierigkeiten inzwischen einen festen Platz in der Event-Kultur des Südwestens erobert hat. Mit 2500 Sitzplätzen gilt es zweitgrößtes Opernhaus in Europa. Ohne festes eigenes Ensemble, wird sein abwechslungsreiches Programm mit Gastspielen erstrangiger Interpreten aus der ganzen Welt bestritten. Es ist aber geplant, in der Zukunft auch eigene Produktionen zu präsentieren. Sein besonderes Ambiente verdankt das Haus einer Kombination des Alten Bahnhofs als festlichem Entrée mit einem dahinter errichteten funktionalen Neubau. Das Theater-Angebot der festen Häuser wird in Baden-Württemberg durch viele Festivals, Festspiele (u.a. in Jagsthausen, Ludwigsburg, Schwäbisch-Hall, Schwetzingen und Ettlingen) und saisonal bespielte Freilichtbühnen ergänzt. Unter letzteren besitzt das Land in Ötigheim (Kreis Rastatt) die größte in ganz Deutschland.

Der Pflege der klassischen wie der modernen Musik widmen sich im Land nicht weniger als neun professionelle Kulturorchester, unter denen dem *Radiosinfonieorchester* des SWR sicher der erste Rang gebührt. Weitere Orchester mit festem Personal gibt es in Stuttgart, Konstanz, Reutlingen, Heilbronn, Pforzheim, Mannheim und Freiburg. Als Mekka der modernen Musik gilt Donaueschingen, wo seit 1921 die *Musiktage* stattfinden, auf denen viele Werke der zeitgenössischen Musik (u.a. von Karlheinz Stockhausen und seines Karlsruher Schülers Wolfgang Rihm) zur Aufführung gelangten. Neuerdings besitzt Baden-Württemberg mit der bereits erwähnten *Popakademie* in Mannheim auch eine Stätte, an der die zeitgenössische populäre Musik zu ihrem Recht kommt. Im Zentrum von Ausbildung und Förderung im Land steht indessen nach wie vor die klassische Musik; sie besitzt in den renommierten Musikhochschulen von Mannheim, Karlsruhe, Freiburg, Stuttgart und Trossingen, wo jeweils ein exzellenter Nachwuchs ausgebildet wird, Stätten besonderer Pflege.

Baden-Württemberg war bis vor wenigen Jahren kein Film-Land. Zwar gab es im Südwesten schon immer viel beachtete Filmfestivals, u.a. in Mannheim, Baden-Baden und Tübingen, doch an Produktionen, die nicht für das Fernsehen gedreht wurden, herrschte Mangel. Dies hat sich mit der Gründung der *Filmförderung* Baden-Württemberg als Kompetenz- und Beratungszentrum für Filmschaffende, vor allem aber mit der Gründung der *Filmakademie* und der *Akademie für darstellende Kunst* in Ludwigsburg gründlich geändert. Seither entwickelte sich dort ein Ausbildungs- und Dienstleistungszentrum für den Film, und die Nähe zur neuen Medientechnologie ermöglichte es gar, im Bereich des Animationsfilms in eine nationale Führungsrolle hinein zu wachsen. Gleichwohl ist der ganz große Durchbruch Baden-Württembergs zum international beachteten Medienstandort bislang sicher noch nicht gelungen.

Hochschulen und Forschungsinstitutionen

Trotz dieser notwendigen Einschränkung bildet die Innovations- und Medienwirtschaft insgesamt mit einem Anteil an der Bruttowertschöpfung von 10 % und 300 000 Beschäftigten inzwischen den stärksten Wirtschaftszweig in Baden-Württemberg noch vor der Automobilindustrie. Großen Anteil an diesem Erfolg haben die Hochschulen des Landes, in denen nicht nur die klassischen Geistes- und Sozialwissenschaften weiterhin gepflegt werden, sondern auch und gerade eine naturwissenschaftlich-technische Elite herangebildet wird. Das Land selbst unterhält 52 Hochschulen, davon neun Universitäten, acht Kunst- und Musikhochschulen, 23 Fachhochschulen und acht Berufsakademien. Dazu kommt neben den bereits erwähnten Akademien für Pop und Film noch die *Hochschule für Gestaltung*, die einst in Ulm begründet, aus politischen Gründen später jedoch wieder geschlossen wurde. Ihre Wiederbegründung in Karlsruhe im Zusammenhang mit dem *Zentrum für Kunst und Medientechnologie* wurde Ministerpräsident Späth dereinst vom Gründungsdirektor des ZKM Heinrich Klotz abgerungen. Das Angebot der staatlichen Hochschulen findet durch jenes weiterer zwanzig in Trägerschaft von Kirchen, Glaubensgemeinschaften und privaten Organisationen eine vielfache Ergänzung. Die Hochschulen des Landes zeichnet insgesamt eine besondere Forschungsintensität aus, wie u.a. auch daraus hervorgeht, dass 20 % aller Sonderforschungsbereiche der *Deutschen Forschungsgemeinschaft* hier angesiedelt sind.

Einen herausragenden Platz nimmt Baden-Württemberg auch in der Forschung außerhalb der Hochschulen ein. 25 % der Forschungskapazität der deutschen Großforschungseinrichtungen sind hier gebunden. Die Max-Planck-Gesellschaft unterhält zwölf ihrer insgesamt 78 Institute im Lande, die Fraunhofer-Gesellschaft sogar vierzehn ihrer 47 Einrichtungen. Wie daraus erhellt, ist Baden-Württemberg bei den öffentlich finanzierten Forschungsinstituti-

Campus Nord des Karlsruher Instituts für Technologie (früher Forschungszentrum).

onen stark überrepräsentiert. Insgesamt fließen unter Einschluss der privaten Investitionen 3,9 % des Sozialprodukts des Landes in Forschung und Entwicklung. Einen ganz neuen Weg beschritt man in allerjüngster Zeit mit dem Zusammenschluss des hauptsächlich aus Bundesmitteln finanzierten *Forschungszentrums Karlsruhe* mit der Universität Karlsruhe zum *Karlsruher Institut für Technologie (KIT)*. Diese Fusion einer Einrichtung der Großforschung mit einer Technischen Universität ist nicht nur wegen der Mischfinanzierung durch Bund und Land bislang einzigartig in Deutschland.

Ausblick

Baden-Württemberg hat sich auf der Basis fest gegründeter Fundamente aus den älteren Ländern inzwischen zu einem veritablen Kulturland entwickelt. Einer gewaltigen Expansion seiner Bildungseinrichtungen in der Ära Kiesinger/Hahn am Ende der 60er und Beginn der 70er Jahre des vorigen Jahrhunderts folgten in der Ära Späth die spektakulären Kulturinitiativen der 80er Jahre. Seither hat man mit Erfolg versucht, das Erreichte zu konsolidieren. Da die Wirtschaft des Landes mit ihrem nach wie vor überproportional hohen Anteil des produzierenden Gewerbes in höherem Maße von der Weltkonjunktur abhängig bleibt als die in anderen Bundesländern, werden bei wohl auch künftig drohenden Krisen große Anstrengungen nötig sein, Bildungswesen und Kulturleben auf hohem Stand zu halten und dabei gleichzeitig auch neuen Entwicklungen Raum zu geben.

Nachwort

Alle heutigen Länder der Bundesrepublik Deutschland bestanden schon, als das Land Baden-Württemberg im Jahre 1952 gegründet wurde – wenn auch nicht alle als Bundesländer und in genau den Grenzen, die in der Gegenwart gelten. Als somit immer noch jüngstes Bundesland blickt der Südweststaat also auf eine vergleichsweise kurze Geschichte zurück. Gleichwohl können im Rahmen einer Reihe »kleiner Geschichten« natürlich nur Grundzüge der Entwicklung auch dieses jüngsten Landes nachgezeichnet werden – zumal dessen verwickelte Vor- und Entstehungsgeschichte, ohne die Vieles, was später folgte, unverständlich bliebe, natürlich auch erzählt werden muss.

Dem aufmerksamen Leser wird aber auch bei Beachtung dieser generell gültigen Einschränkung nicht entgehen, dass die hier gebotene Darstellung für die einzelnen Abschnitte auf einem recht unterschiedlichen Forschungsstand aufbaut. Während für die Zeit bis zur zweiten Hälfte der 60er Jahre quellengesättigte wissenschaftliche Publikationen vorliegen, die auch auf das in den Archiven verwahrte ungedruckte Material und auf private Nachlässe rekurrieren, liegen für die nachfolgenden Jahrzehnte bis zum Beginn des neuen Jahrtausends bislang nur Darstellungen vor, die das publizierte Material berücksichtigt haben. So konnten kompetente Autoren für die letztvergangenen Jahrzehnte zwar schon gewichtige Vorarbeit leisten, die wissenschaftliche Aufarbeitung der Gesamtüberlieferung, die nach Ablauf der für die Archive geltenden Sperrfristen zumindest bis zum Beginn der 80er Jahre schon möglich wäre, harrt indessen als Desiderat noch ihrer Durchführung.

Leider gehört die Landes-Zeitgeschichte in der Zunft der Historiker jedoch nicht zu den sonderlich geschätzten Arbeitsfeldern, und sie besitzt in Baden-Württemberg (anders als etwa in Bayern, Nordrhein-Westfalen, Thüringen und Schleswig-Holstein) auch keine eigentliche Heimstatt, keine eigens dafür zuständige Forschungsinstitution – widmen sich doch die ohnedies ganz raren Lehrstühle und Institute für südwestdeutsche Landesgeschichte hauptsächlich der Erforschung des Mittelalters und der Frühen Neuzeit. Umso erfreulicher ist es, dass die Kommission für geschichtliche Landeskunde in Baden-Württemberg in jüngster Zeit ein verstärktes Augenmerk auch auf die Zeitgeschichte richtet – wenngleich vorläufig nur auf jene vor der Gründung des Landes. Sie kann mit ihren Quelleneditionen Forschung freilich nur anregen, nicht aber selbst betreiben.

Zu danken habe ich Frau Isabella Eder als vormaliger Lektorin und Herrn Verlagsleiter Michael Kohler vom G. Braun Buchverlag in Karlsruhe für ihre Geduld, nützliche Gespräche, die Bildauswahl und eine allzeit angenehme Zusammenarbeit sowie Herrn cand. phil. Sebastian Mayer (Mannheim / Heilbronn) für Hilfe bei der Bildersuche und bei der Korrektur.

Mannheim und Karlsruhe, im Frühjahr 2010 K.-J. Matz

Anhang

Jahr	Einwohner
1871	3349409
1900	4107325
1933	5185618
1950	6430225
1980	9258947
1990	9822027
2001	10600906
2006	10738753
2007	10749755
2008	10749506
2015 (Prognose[10])	10850000
2050 (Prognose[10])	9717000

Entwicklung der Einwohnerzahlen. Stand 2010

Konfession	Anteil	Anzahl
römisch-katholisch	37,5 %	4000000
evangelisch	33,6 %	3600000
muslimisch	5,6 %	600000
neuapostolisch	0,87 %	95300
Zeugen Jehovas	0,26 %	28000
buddhistisch	0,23 %	25000
hinduistisch	0,14 %	15000
jüdisch	0,08 %	9000
Konfessionslose und andere Konfessionen	22,2 %	2200000

Religionsgemeinschaften. Stand 2010

Stadt- und Landkreise

Im Land bestehen die folgenden neun Stadtkreise:

- Baden-Baden
- Freiburg im Breisgau
- Heidelberg
- Heilbronn
- Karlsruhe
- Mannheim
- Pforzheim
- Stuttgart
- Ulm

Die 35 Landkreise sind:

- Alb-Donau-Kreis
- Biberach
- Böblingen
- Bodenseekreis
- Breisgau-Hochschwarzwald
- Calw
- Emmendingen
- Enzkreis
- Esslingen
- Freudenstadt
- Göppingen
- Heidenheim
- Heilbronn
- Hohenlohekreis
- Karlsruhe
- Konstanz
- Lörrach
- Ludwigsburg
- Main-Tauber-Kreis
- Neckar-Odenwald-Kreis
- Ortenaukreis
- Ostalbkreis
- Rastatt
- Ravensburg
- Rems-Murr-Kreis
- Reutlingen
- Rhein-Neckar-Kreis
- Rottweil
- Schwäbisch Hall
- Schwarzwald-Baar-Kreis
- Sigmaringen
- Tübingen
- Tuttlingen
- Waldshut
- Zollernalbkreis

Stadt- und Landkreise. Stand 2010

Ergebnisse der Landtagswahlen (in Prozent der Stimmenanteile)														
	1952	**1956**	**1960**	**1964**	**1968**	**1972**	**1976**	**1980**	**1984**	**1988**	**1992**	**1996**	**2001**	**2006**
Wahlbeteiligung in %	63,7	70,3	59,0	67,7	70,7	80,0	75,5	72,0	71,2	71,8	70,1	67,6	62,6	53,4
CDU	36,0	42,6	39,5	46,2	44,2	52,9	56,7	53,4	51,9	49,0	39,6	41,3	44,8	44,2
SPD	28,0	28,9	35,3	37,3	29,0	37,6	33,3	32,5	32,4	32,0	29,4	25,1	33,3	25,2
FDP / DVP	18,0	16,6	15,8	13,1	14,4	8,9	7,8	8,3	7,2	5,9	5,9	9,6	8,1	10,7
BHE bzw. GDP	6,3	6,3	6,6	1,8	-	-	-	-	-	-	-	-	-	-
KPD	4,4[(1)]	3,2	-	-	-	-	-	-	-	-	-	-	-	-
NPD	-	-	-	-	9,8	-	-	-	-	2,1	-	-	-	-
Grüne	-	-	-	-	-	-	-	5,3	8,0	7,9	9,5	12,1	7,7	11,7
REP	-	-	-	-	-	-	-	-	-	-	10,9	9,1	4,4	2,5

Ergebniss der Landtagswahlen 1952–2006

Literaturauswahl

Um die Verbreitung historischer und landeskundlicher Kenntnisse und Forschungsergebnisse in Baden-Württemberg bemühen sich insbesondere zwei vom Land selbst getragene Institutionen, zum einen die Kommission für geschichtliche Landeskunde in Baden-Württemberg, zum anderen die Landeszentrale für politische Bildung Baden-Württemberg. Maßgebliches Referenzwerk für die Geschichte des Gebietes, das heute Baden-Württemberg umfasst, ist das Handbuch der Baden-Württembergischen Geschichte, das die Kommission in fünf Bänden (davon der erste in zwei Teilbänden) zwischen 1995 und 2007 herausgegeben hat. Für den Zeitraum, der im vorliegenden Band behandelt wird, sind die Bde. 4 (2003) und 5 (2007) einschlägig. In Band 4 haben Paul Sauer (Württemberg-Baden 1945–1952), Wilfried Schöntag (Württemberg-Hohenzollern 1945–1952), Klaus-Jürgen Matz (Baden 1945–1952 sowie Entstehung und Anfänge von Baden-Württemberg 1948–1960) und Fred Sepaintner (Baden-Württemberg 1960–1992), in Band 5 Gert Kollmer-von Oheimb Loup und Hugo Ott (Wirtschafts- und Sozialgeschichte 1918–1992) die hier interessierenden Abschnitte bearbeitet. Band 5 enthält darüber hinaus von Martin Furtwängler bearbeitete Ministerlisten und Tabellen mit den Ergebnissen der Wahlen zum Landtag und zum Bundestag in Baden-Württemberg bis 1992 sowie die Ergebnisse der Volkszählungen von 1961, 1970 und 1987 in Baden-Württemberg. In beiden Bänden ist die bis etwa 2000/2002 erschienene Literatur einschließlich des gedruckten Quellenmaterials so gut wie vollständig verzeichnet, so dass auf deren Nennung hier im Folgenden verzichtet werden kann und nur die neueste Literatur in Auswahl zu nennen bleibt.

Von den weiteren Publikationen der Kommission sind neben den von ihr herausgegebenen Zeitschriften, der Zeitschrift für die Geschichte des Oberrheins (ZGO) (erscheint seit 1850) und der Zeitschrift für Württembergische Landesgeschichte (ZWLG) (erscheint seit 1937), vor allem die biographischen Reihen zu nennen, in denen freilich nur bereits verstorbene Persönlichkeiten behandelt werden: die Lebensbilder aus Baden-Württemberg (seit 1960 bzw. 1994), die Badischen Biographien N.F. (seit 1982), die Württembergischen Biographien (seit 2006) und schließlich die Baden-Württembergischen Biographien (seit 1994). Ein Gesamtverzeichnis der behandelten Personen enthält der jeweils zuletzt erschienene Band der Reihe.

Die Kommission hat in jüngster Zeit auch Quellenpublikationen zur Zeitgeschichte in Auftrag gegeben, von denen die erste, Veröffentlichungen zur Verfassungsgeschichte von Baden Württemberg seit 1945, die 1983 mit einer Darstellung der Verfassungsgeschichte des Landes von Paul Feuchte eröffnet wurde, 2009 mit dem 17. Band abgeschlossen werden konnte. Demgegenüber befindet sich die zweite Reihe mit den Kabinettsprotokollen von Baden, Württemberg-Baden und Württemberg-Hohenzollern, deren erster Band 2004 erschien, noch in Bearbeitung.

Die Landeszentrale für politische Bildung bringt seit 1975 eine Buchreihe heraus, in der seither rund 40 Bände erschienen sind. Von besonderem Interesse im Kontext des vorliegenden Bandes ist die völlige Neubearbeitung des seinerzeitigen Eröffnungsbandes Baden-Württemberg. Gesellschaft, Geschichte, Politik, hrsg. von Reinhold Weber und Hans-Georg Wehling (2006). Weiterhin seien aus dieser Reihe genannt: Parteien in Baden-Württemberg, hrsg. von Michael Eilfort (2004); Politische Köpfe aus Südwestdeutschland, hrsg. von Reinhold Weber und Ines Mayer (2005); Kulturelle Vielfalt. Baden-Württemberg als Einwanderungsland, hrsg. von Karl-Heinz Meier-Braun und Reinhold Weber (2005); Die Zeit nach dem Krieg, hrsg. von Karl Moersch und Reinhold Weber (2008);

Geographie Baden-Württembergs. Raum, Entwicklung, Regionen, hrsg. von Hans Gebhardt (2008). Von den Sonderveröffentlichungen der Landeszentrale sei besonders auf die Festschrift zum 50jährigen Landesjubiläum hingewiesen: Baden-Württemberg. Vielfalt und Stärke der Regionen, hrsg. von Hans-Georg Wehling, Angelika Hauser-Hauswirth und Fred Sepaintner (2002), in dem nicht das Land als Ganzes behandelt wird, sondern Geschichte, Kultur und Wirtschaft seiner Regionen zur Darstellung gelangen.

Sonstige Veröffentlichungen aus jüngster Zeit:

Baden-Württemberg. Eine kleine politische Landeskunde. 6. vollständig überarbeitete Aufl. Stuttgart 2008

Deutsche und Franzosen im zusammenwachsenden Europa 1945–2000, hrsg. von Kurt Hochstuhl. Stuttgart 2003

Philipp Gassert: Kurt Georg Kiesinger. 1904–1988. Kanzler zwischen den Zeiten. München 2006

Thomas Grosser: Die Integration der Heimatvertriebenen in Württemberg-Baden (1945–1961). Stuttgart 2006

Kurt Hochstuhl: Leo Wohleb. Pädagoge und Politiker. Leinfelden-Echterdingen 2009.

Wolfgang Hug: Kleine Geschichte Badens. Stuttgart 2006

Kurt Georg Kiesinger. 1904–1988. Von Ebingen ins Kanzleramt, hrsg. von Günter Buchstab, Philipp Gassert und Peter Thaddäus Lang. Freiburg i. Br. 2005

Karl-Heinz Meier-Braun / Reinhold Weber: Kleine Geschichte der Ein- und Auswanderung in Baden-Württemberg. Leinfelden-Echterdingen 2009

Gisela Meister-Scheufelen: Die wirtschaftliche Entwicklung von Baden-Württemberg. Daten und Fakten. Stuttgart 2006

Georg Müller: Walter Krause. Ein Mannheimer für Baden-Württemberg. Heidelberg und Ubstadt-Weiher 2003.

Thomas Schnabel: Geschichte von Baden-Württemberg 1952–2002. Stuttgart 2002

Hansmartin Schwarzmaier: Baden. Dynastie–Land–Staat. Stuttgart etc. 2005

Erwin Teufel: Gewissen für das Ganze. Ein politisches Leben. Freiburg i. Br. 2009

Uwe Uffelmann: Politische Wegzeichen. Bausteine zu den westdeutschen Weichenstellungen und zur staatlichen Formierung Südwestdeutschlands nach dem Zweiten Weltkrieg. Weinheim und Basel 2002

Manfred Waßner: Kleine Geschichte Baden-Württembergs. Stuttgart 2002

Reinhold Weber: Kleine Geschichte der Länder Baden und Württemberg 1918–1945. Leinfelden-Echterdingen 2008

Reinhold Weber und Hans-Georg Wehling: Geschichte Baden-Württembergs. München 2007

Birgit Wilhelm: Das Land Baden-Württemberg. Entstehungsgeschichte – Verfassungsrecht – Verfassungspolitik. Köln 2007

Die Wirtschaft von Baden-Württemberg im Umbruch, hrsg. von Hilde Cost und Margot Körber-Weik. Stuttgart 2002

Tobias Wöhrle: Leo Wohleb. Eine politische Biographie. Karlsruhe 2008

Darüber hinaus sei insbesondere auf die periodischen Publikationen des Statistischen Landesamts Baden-Württemberg und des Landtags (bzw. seines Präsidenten) von Baden-Württemberg verwiesen, die größtenteils auch im Netz zugänglich sind.

Zeittafel

1945

29. März – 30. April

Besetzung der südwestdeutschen Länder durch amerikanische und französische Truppen. Letztere nehmen die größten Teile von Baden und Württemberg samt der beiden Landeshauptstädte Karlsruhe und Stuttgart sowie ganz Hohenzollern ein.

8. Juli

Endgültige Abgrenzung der Besatzungszonen entlang der Autobahn Karlsruhe–Ulm. Auf amerikanischen Druck ziehen sich die Franzosen aus den nördlichen Teilen und den Landeshauptstädten zurück und verlegen den Sitz ihrer Militärregierung für (Süd-)Baden nach Freiburg, jenen für (Süd-)Württemberg und Hohenzollern nach Tübingen.

19. Sept.

Proklamation von Württemberg-Baden als eines von zunächst drei Ländern der amerikanischen Besatzungszone durch General Eisenhower. Die Amerikaner berufen Reinhold Maier (FDP / DVP) zum Ministerpräsidenten an die Spitze eines Allparteienkabinetts, das am 24. September vereidigt wird. Als zunächst einziger Vertreter (Nord-)Badens tritt Heinrich Köhler (CDU) am 29. Oktober in dieses Kabinett ein.

16. Okt.

Einsetzung eines Staatssekretariats für (Süd-)Württemberg-Hohenzollern unter Carlo Schmid (SPD) durch die französische Militärregierung.

1946

5. März

Unterzeichnung des Befreiungsgesetzes durch die Ministerpräsidenten der Länder der US-Zone in München. Das darin festgelegte Verfahren zur Entnazifizierung durch deutsche Spruchkammern wird später auch in der französischen Zone übernommen.

31. März

Der Südwestfunk nimmt in Baden-Baden den Sendebetrieb als Anstalt für die drei Länder der französischen Zone auf.

30. Juni

Wahl einer Verfassunggebenden Landesversammlung für Württemberg-Baden.

8. Okt.

Die Franzosen erheben ihren Teil Badens formell zum Land und setzen am 3. Dezember ein deutsches Staatssekretariat ein, an dessen Spitze Leo Wohleb (BCSV/CDU) tritt.

24. Nov.

Die Verfassung von Württemberg-Baden wird in einer Volksabstimmung gebilligt. Gleichzeitig findet die Wahl zum ersten Landtag statt. Ministerpräsident an der Spitze eines Allparteienkabinetts bleibt danach Reinhold Maier (FDP / DVP).

1947

18. Mai

Landtagswahl und Volksabstimmung über die jeweils ausgearbeitete Verfassung in den Ländern der französischen Zone (Baden und Württemberg-Hohenzollern). Die CDU erringt in beiden Ländern die absolute Mehrheit.

24. Juni

Wahl von Leo Wohleb (CDU) zum Staatspräsidenten von Baden an der Spitze eines Kabinetts aus CDU und SPD, das freilich schon im Dezember desselben Jahres zerbricht. Fortan regiert die CDU in (Süd-)Baden allein.

8. Juli
Wahl von Lorenz Bock (CDU) zum Staatspräsidenten von Württemberg-Hohenzollern an der Spitze eines Koalitionskabinetts aus CDU, SPD und FDP / DVP.

1948

1. Juli
Übergabe der Frankfurter Dokumente an die Ministerpräsidenten der drei Westzonen, in denen diese u.a. aufgefordert werden, eine Verfassunggebende Versammlung für Westdeutschland einzuberufen und die Ländergrenzen zu überprüfen.

2./3. Aug.
Mit dem Treffen auf dem Hohenneuffen auf Einladung Reinhold Maiers beginnen die Verhandlungen der drei Landesregierungen zur Neugliederung im deutschen Südwesten. Ein erster bald darauf ausgehandelter (Karlsruher) Vertrag zur Bildung eines Südweststaats scheitert am Widerspruch des badischen Staatspräsidenten Wohleb.

13. Aug.
Als Nachfolger von Lorenz Bock (+ 6. Aug.) wird Gebhard Müller (CDU) zum Staatspräsidenten von Württemberg-Hohenzollern gewählt.

1. Sept.
In Bonn tritt der Parlamentarische Rat zusammen, um eine Verfassung für Westdeutschland zu beraten. Württemberg-Baden ist darin mit vier (u.a. Theodor Heuss) Mitgliedern vertreten; Baden und Württemberg-Hohenzollern (u.a. Carlo Schmid) entsenden jeweils zwei.

1949

23. Mai
Mit dem Inkrafttreten des Grundgesetzes wird die Bundesrepublik Deutschland begründet; die drei südwestdeutschen Länder sind

fortan Bundesländer. Artikel 118 des Grundgesetzes sieht für deren Neugliederung ein gegenüber dem allgemeinen nach Artikel 29 abweichendes Verfahren vor.

22. Juli

Radio Stuttgart geht als Süddeutscher Rundfunk von amerikanischer in deutsche Verantwortung über.

30. Sept.

Mit dem Inkrafttreten des Besatzungsstatuts werden die Militärregierungen der Besatzungsmächte in den Ländern aufgelöst.

1950

24. Sept.

Eine von der Tübinger Regierung im April des Jahres vorgeschlagene Probeabstimmung über die Bildung eines Südweststaats erbringt in Gesamtbaden eine hauchdünne Mehrheit für die Wiederherstellung der alten Länder. Gebhard Müller rückt danach vom Abstimmungsmodus des Durchzählens nach alten Ländern, wie er von Leo Wohleb gefordert wird, ab und schwenkt auf den schon im Spätherbst 1949 von Richard Freudenberg (Weinheim) ins Spiel gebrachten und von Reinhold Maier seinerzeit bereits akzeptierten Vier-Bezirke-Modus ein. Danach soll der Südweststaat perfekt sein, wenn in dreien der vier Bezirke (Nordwürttemberg, Nordbaden, Südwürttemberg-Hohenzollern, Südbaden) eine Mehrheit erreicht wird.

19. Nov.

Zweite Landtagswahl in Württemberg-Baden. Die CDU verweigert sich wegen ihrer schweren Verluste einer weiteren Regierungsarbeit. Reinhold Maier bildet daraufhin am 11. Jan. 1951 ein Kabinett nur aus FDP / DVP und SPD.

1951

25. April

Der Bundestag verabschiedet nach Art. 118 GG das II. Neugliederungsgesetz zur Neugliederung im deutschen Südwesten, in dem der Vier-Bezirke-Modus festgeschrieben wird. Eine Klage der badischen Regierung hiergegen beim Bundesverfassungsgericht scheitert am 23. Oktober des Jahres.

9. Dez.

Die Volksabstimmung im Südwesten erbringt in dreien der vier Bezirke eine klare Mehrheit für den Südweststaat, der somit gebildet werden kann, obwohl in Gesamtbaden keine Mehrheit erreicht wird.

1952

9. März

Wahl zur Verfassunggebenden Landesversammlung des neuen Südwestdeutschen Bundeslands. Die CDU wird stärkste Kraft, aber auch SPD und FDP verzeichnen einen jeweils guten Erfolg.

25. April

Mit der Wahl von Reinhold Maier (FDP / DVP) zum Ministerpräsidenten an der Spitze eines Kabinetts aus SPD, FDP / DVP und GB / BHE wird das Südwestdeutsche Bundesland formell konstituiert.

17. Mai

Mit dem Inkrafttreten des Überleitungsgesetzes werden die drei älteren südwestdeutschen Länder formell aufgehoben. Das neue Bundesland erhält den Namen Baden-Württemberg.

1953

2. Juli

Geheimtreffen von Gebhard Müller (CDU) und Alex Möller (SPD) im Ludwigsburger Ratskeller zur Verabredung einer Regierung der Großen Koalition.

30. Sept.

Reinhold Maier tritt als Ministerpräsident zurück. Gebhard Müller (CDU) wird zu seinem Nachfolger gewählt. Er bildet nach mehrfachen Bonner Interventionen eine Allparteienregierung (ohne die noch schwach vertretene KPD).

19. Nov.
Nach ihrer Verabschiedung durch die Verfassunggebende Landesversammlung am 11. Nov. tritt die Verfassung von Baden-Württemberg, wie das neue Bundesland nun endgültig benannt wird, in Kraft.

1954/55
Verkündung der wichtigsten Aufbaugesetze:
Finanzausgleichsgesetz (26. Juli 1954), Gesetz über die Landtagswahlen (9. Mai 1955), Gemeindeordnung (25. Juli 1955), Landkreisordnung (10. Okt. 1955), Landesverwaltungsgesetz (7. Nov. 1955), Polizeigesetz (21. Nov. 1955).

1956
4. März
Die Landtagswahl erbringt keine größeren Verschiebungen; die Allparteien-Regierung unter Gebhard Müller wird fortgesetzt.
30. Mai
Das Bundesverfassungsgericht ordnet die Durchführung eines Volksbegehrens in Baden zur Wiederherstellung des alten Landes an. Dieses wird vom 3. bis 16. Sept. 1956 durchgeführt und verläuft erfolgreich. Die dadurch notwendig gewordene Volksabstimmung in Baden wird in der Folge jedoch immer wieder vertagt.

1958
17. Dez.
Nach dem Rücktritt von Gebhard Müller, der an die Spitze des Bundesverfassungsgerichts nach Karlsruhe wechselt, wird der CDU-Bundestagsabgeordnete Kurt Georg Kiesinger zum neuen Ministerpräsidenten gewählt. Er führt die Allparteienregierung zunächst weiter.

1960

15. Mai

Landtagswahl. Kiesinger bildet danach eine bürgerliche Koalition aus CDU und FDP / DVP. Die SPD scheidet trotz erheblicher Stimmengewinne aus der Regierung aus.

1961

6. Juni

Bezug des neuen Landtagsgebäudes im Zentrum von Stuttgart.

1964

20. März

Mit dem Zusammentritt ihrer Gründungsausschüsse werden die Universität Konstanz und die Medizinische Akademie (seit 1967 Universität) Ulm konstituiert.

26. April

Landtagswahl: Die bürgerliche Koalition aus CDU und FDP / DVP unter Ministerpräsident Kiesinger wird danach fortgesetzt. Der CDU-Bundestagsabgeordnete Wilhelm Hahn tritt als neuer Kultusminister die Nachfolge von Gerhard Storz an.

1966

16. Dez.

Nach der Wahl von Kurt Georg Kiesinger zum Bundeskanzler am 1. Dez. wird Innenminister Hans Filbinger (CDU) neuer Ministerpräsident. Er bildet mit der SPD ein Kabinett der Großen Koalition.

1967

8. Febr.

Mit der Mehrheit der Großen Koalition wird die Landesverfassung geändert und die Christliche Gemeinschaftsschule (Simultanschule) im gesamten Land eingeführt. Das Sonderrecht auf Einrichtung von Konfessionsschulen im Regierungsbezirk Südwürttemberg-Hohenzollern erlischt damit.

1968–1972

Die Zeit einer gewaltigen Expansion des Bildungswesens in Baden-Württemberg wird begleitet von heftigen Unruhen insbesondere an den Universitäten und Hochschulen, die im Land erst 1972 ihren Höhepunkt erreichen.

1968

28. April

Landtagswahl. Die SPD setzt danach trotz schwerer Verluste und eines gegenteiligen Beschlusses ihres Parteitags die Regierung der Großen Koalition unter Ministerpräsident Filbinger fort. Mit der NPD ist erstmals eine rechtsradikale Partei im Landtag vertreten.

1970

7. Juni

Die schon 1956 durch ein Volksbegehren erzwungene Volksabstimmung in Baden erbringt eine überwältigende Mehrheit für den Erhalt des Landes Baden-Württemberg

1972

23. April

Landtagswahl: Die CDU erringt erstmals eine absolute Mehrheit im Lande. Ministerpräsident Filbinger stellt am 8. Juni eine Alleinregierung der CDU vor.

11. Mai

Mit einem Anschlag auf das Heidelberger Hauptquartier der US-Streitkräfte erreicht der Terrorismus der RAF auch Baden-Württemberg.

1973

1. Jan.

Das Kreisreformgesetz vom 26. Juli 1971 tritt in Kraft: Die Zahl der Landkreise sinkt von 63 auf 35, die Zahl der Stadtkreise bleibt unverändert.

1975

1. Jan.

Abschluss der Gemeindereform, die seit 1967 zunächst auf freiwilliger Basis in Gang gekommen war. Die Zahl der Gemeinden sinkt – auch durch gesetzlich vorgeschriebene Zwangsfusionen – von vormals 3379 auf 1111.

14. März

Das Verwaltungsgericht Freiburg verkündet einen Baustopp für das von der Landesregierung projektierte Kernkraftwerk Wyhl am Kaiserstuhl und entscheidet damit vorläufig zugunsten einer breiten gegen das KKW gerichteten Protestbewegung. Trotz späterer gegenteiliger Urteile des Verwaltungsgerichtshofs Mannheim verzichtet die Landesregierung 1983 endgültig auf das Projekt.

1976

4. April

Landtagswahl: Die CDU baut ihre absolute Mehrheit aus. Filbinger bleibt Ministerpräsident an der Spitze einer CDU-Alleinregierung.

1977

Mit der Ermordung von Generalbundesanwalt Buback auf offener Straße in Karlsruhe am 7. April und der Entführung von Arbeitgeberpräsident Schleyer, der am 18./19. Oktober im Kofferraum eines Autos bei Mulhouse im Elsass ermordet aufgefunden wird, erreicht der Terrorismus der RAF seinen Höhepunkt in Baden-Württemberg und in Deutschland überhaupt. In Reaktion auf die durch die Selbstmorde prominenter Terroristen am 18. Okt. in der Haftanstalt von Stuttgart-Stammheim offenbar gewordenen Sicherheitspannen tritt Justizminister Traugott Bender am 20. Oktober zurück.

1978

11. Mai

Rücktritt von Kultusminister Hahn. Das Kultusministerium wird danach in ein Ministerium für Kultus und Sport sowie ein Ministerium für Wissenschaft und Kunst aufgeteilt.

7. Aug.

Ministerpräsident Filbinger erklärt wegen der Vorwürfe bezüglich seiner Tätigkeit als Marinerichter im Zweiten Weltkrieg den Rücktritt, der zum 21. Aug. rechtswirksam wird. Der Landtag wählt am 30. Aug. Innenminister Lothar Späth zu seinem Nachfolger.

1980

16. März

Landtagswahl: Die CDU verteidigt ihre absolute Mehrheit. Lothar Späth führt die CDU-Alleinregierung fort. Die GRÜNEN ziehen mit sechs Abgeordneten erstmals in den Landtag ein.

1984

25. März

Landtagswahl: Nach dem erneuten Gewinn der absoluten Mehrheit wird die CDU-Alleinregierung unter Lothar Späth fortgeführt.

1985

1. Jan.

Mit einem Pilotprojekt im Ballungsraum Mannheim-Ludwigshafen beginnt die Ära des privaten Kabelfernsehens in Baden-Württemberg.

1987

1. Juli

Einrichtung eines Umweltministeriums unter Erwin Vetter (CDU).

1988

20. März

Trotz erheblicher Stimmenverluste behauptet die CDU zum fünften Mal nacheinander die absolute Mehrheit. Lothar Späth bleibt Ministerpräsident.

1991

13. Januar

Lothar Späth erklärt wegen der Traumschiffaffäre seinen Rücktritt. Nachfolger wird am 22. Jan. der bisherige Vorsitzende der CDU-Fraktion Erwin Teufel.

1992

5. April

Landtagswahl: Die CDU büßt nach zwanzig Jahren ihre absolute Mehrheit ein. Ministerpräsident Erwin Teufel bildet danach ein Kabinett der Großen Koalition aus CDU und SPD. Erstmals nach 1968 ziehen mit den Republikanern wieder Abgeordnete der radikalen Rechten in den Landtag ein.

1995

15. Febr.

Der Landtag beschließt eine einschneidende Verfassungsreform, mit der u.a. die Legislaturperiode auf fünf Jahre verlängert wird.

1996

24. März

Landtagswahl: Die CDU verzeichnet Stimmengewinne, die SPD erhebliche Verluste. Ministerpräsident Teufel bildet anschließend eine bürgerliche Regierung aus CDU und FDP / DVP.

1997

1. Jan.

Die ganz in Landesbesitz befindliche Badenwerk AG und die Energieversorgung Schwaben (EVS) fusionieren zur EnBW mit Sitz in Karlsruhe. Das Land verkauft im Januar 2000 Anteile an die französische EDF und bringt den Großteil des Erlöses in die Landesstiftung Baden-Württemberg ein.

1998

1. Jan.

Der Süddeutsche Rundfunk und der Südwestfunk fusionieren zur für Baden-Württemberg und Rheinland-Pfalz zuständigen Zwei-Länder-Anstalt Südwestrundfunk mit Sitz in Stuttgart und weiteren Hauptstandorten in Baden-Baden und Mainz. Am 1. Okt. tritt die neue Anstalt die Rechtsnachfolge ihrer Vorgänger an.

1999

1. Jan.

L-Bank, Landesgirokasse und Südwestdeutsche Landesbank fusionieren zur Landesbank Baden-Württemberg (LBBW).

2001

25. März

Das Ergebnis der Landtagswahl ermöglicht die Fortsetzung der Koalition aus CDU und FDP / DVP unter Ministerpräsident Teufel. Die Republikaner scheitern an der 5%-Hürde.

2004

1. Juli

Der FDP / DVP-Landesvorsitzende, Wirtschaftsminister Walter Döring, tritt wegen einer Spendenaffäre zurück. Am 22. Juli vollzieht auch die zweite Vertreterin seiner Partei im Kabinett, Justizministerin Werwigk-Hertneck, diesen Schritt.

2005

1. Jan.

Eine von Ministerpräsident Teufel konzipierte und durchgesetzte umfassende Verwaltungsreform tritt in Kraft.

21. April

Der Landtag wählt Günther Oettinger (CDU) zum neuen Ministerpräsidenten anstelle von Erwin Teufel, der am 25. Okt. 2004 seinen Rücktritt angekündigt hatte.

2006

26. März

Bei der Landtagswahl verfehlt die CDU nur knapp die absolute Mehrheit. Ministerpräsident Oettinger setzt die Koalition mit der FDP / DVP anschließend fort.

2007

19./21. Okt.

Eröffnung der Neuen Messe Stuttgart (Landesmesse).

2008

30. April

Der Landtag beschließt eine umfassende Parlamentsreform, die u.a. die Umwandlung von einem Teilzeit- in ein Vollzeitparlament und eine neue Pensionsregelung für die Abgeordneten ab 2011 sowie die Unvereinbarkeit von Amt und Mandat ab 2016 vorsieht.

2009

29. Mai

Der Bundestag beschließt die unter Leitung von Peter Struck (SPD) und Ministerpräsident Günther Oettinger erarbeitete Föderalismusreform II, nach der er es u.a. den Ländern ab 2020 untersagt ist, neue Schulden zu machen. Der Landeshaushalt von Baden-Württemberg kann 2008 und 2009 erstmals in Einnahmen und Ausgaben ausgeglichen gestaltet werden, gerät aber schon 2010 infolge der im Herbst 2008 einsetzenden Finanz- und Wirtschaftskrise wieder ins Defizit.

2010

2. Febr.

Erster Spatenstich zum 1994 erstmals vorgestellten Großprojekt Stuttgart 21 (Verlegung des Stuttgarter Hauptbahnhofs unter die Erde und Umgestaltung der Stuttgarter Innenstadt).

10. Febr.

In der Nachfolge von Günther Oettinger, der als EU-Kommissar nach Brüssel wechselt, wird der CDU-Fraktionsvorsitzende Stefan Mappus zum neuen Ministerpräsidenten gewählt.

Bildnachweis

Archiv G. Braun: 35, 40, 55, 81, 112, 121, 175, 182
Forschungszentrum Karlsruhe: 185
Hauptstaatsarchiv Stuttgart: 73 (HStAS EA 1-101 Bü 12)
Kommission für geschichtliche Landeskunde: 190, 191
Landesmedienzentrum: 9, 27, 77, 68, 98
Landeszentrale für politische Bildung: 11, 103
Staatsministerium Baden-Württemberg: 170
Wikipedia: 80, 100 (Martin Dürrschnabel), 126–127 (Manecke), 169
www.wikiwak.com: 100
S. 44: Historischer Atlas von Baden-Württemberg die Kartenblätter VII, 3 Teilkarte. © Kommission für geschichtliche Landeskunde in Baden-Württemberg und Landesamt für Geoinformation und Landentwicklung Baden-Württemberg vom 11.06.2010, Az.: 2851.3-A/589